생각하는돌 27

십 대를 위한 교실 밖 경제학
: 경제 교과서를 뒤집는 7가지 질문

서재민 지음

2025년 6월 30일 초판 1쇄 발행
2025년 10월 25일 초판 2쇄 발행

펴낸이 한철희 | 펴낸곳 돌베개 | 등록 1979년 8월 25일 제406-2003-000018호
주소 (10881) 경기도 파주시 회동길 77-20 (문발동)
전화 (031) 955 5020 | 팩스 (031) 955 5050
홈페이지 www.dolbegae.co.kr | 전자우편 book@dolbegae.co.kr
블로그 blog.naver.com/imdol79 | 인스타그램 @Dolbegae79 | 페이스북 /dolbegae

편집 강정윤
표지 디자인 김민해 | 본문 디자인 김민해·이은정·이연경
마케팅 고운성·김영수·정지연 | 제작·관리 윤국중·이수민·한누리
인쇄·제본 상지사 P&B

ISBN 979-11-94442-29-5 (44320)
      978-89-7199-452-8 (세트)

책값은 뒤표지에 있습니다.

교실 밖 경제학

십 대를 위한

서재민 지음

경제교과서를 뒤집는
7가지 질문

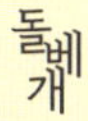

돌베개

프롤로그

여러분 인생에 최고의 순간은 어떤 장면인가요? 꼭 여행 가 보고 싶었던 곳의 경이로운 경관을 눈에 담거나, 아늑하고 깨끗한 집에서 사랑하는 사람과 대화하는 장면을 그려 보나요? 우리가 꿈꾸는 삶은 대개 경제생활과 관련되어 있어요. 비행기표를 예매하고 여행 짐을 꾸리거나, 집을 마련해서 가구와 가전제품을 들이기 위해서는 모아 둔 돈이 필요하죠. 친구들과 매운 떡볶이를 먹고 개봉한 영화를 보는 것 같은 소박한 일상을 위해서도 돈이 있어야 해요.

그런데 경제적으로 여유롭게 산다는 게 참 쉽지 않아요. 부잣집에서 태어나거나 사업이 대박 나서 엄청난 부자가 된 사람은 극히 소수예요. 대다수는 평생 경제적으로 빠듯함을 느끼며 살아가죠. 어렸을 때야 어른들의 돈벌이를 멀리서 봐 왔어요. 그러다 빠르면 10대 후반부터 조금 늦으면 20대 후반에 들어선 청년들은 직접 돈을 벌고, 지출하는 경제생활을 하게 돼요. 사야 할 것들은 점점 더 느는데 물가는 왜 이렇게 오르는지 걱정입니다. 식비나 교통비, 생필품 등을 매달 감당하기도 버거운데, '나이가 들어서도 꾸준히 돈을 벌 수 있을까?' 하는, 먼 미래에까지 불안이 번지기도 하죠.

일해서 버는 돈으로는 생활하기에 턱없이 부족하다는 걱정에 지친 우리를 사로잡는 소리가 들려옵니다. '부자 되는 재테크 노하우', '금융 투자 성공의 10가지 비밀!' 금융 투자는 가만히 있어도 내 돈을 불려 줄 수 있다고 우리의 눈과 귀를 유혹해요. 일해서 번 돈을 놔두지 말고 얼른 금융 상품에 투자하라고요. 우리는 어떻게 하면 돈을 더 불릴 수 있을지 금융 시장에 대고 마법의 주문을 외우기 시작해요. 금융 자산을 늘리려고 하지 않는 사람은 시대 흐름을 못 따라가는 게으른 사람으로 취급받기까지 하죠. 바쁜 일상을 사는 사람들이 없는 시간을 쪼개서 금융 상품 정보를 모으고 투자를 합니다. '호모 인베스투스Homo Investus, 투자하는 인간'가 되는 것이죠.

학교에서 책임지고 가르치지 않으니 학생들이 '금

융 문맹'으로 자란다며, 제대로 된 경제 교육, 그중에서도 금융 투자 교육이 필요하다는 목소리도 높아지고 있어요. 우리나라 국가 교육 과정에서 경제 교육이 부족한 건 사실이에요. 초등학교부터 고등학교까지 그 학년에서 2~3주 가볍게 다루거나 아예 경제 관련 내용이 없는 학년도 있지요.

그나마 하는 경제 수업은 아쉽게도(?) 금융 투자 열풍이 바라는 돈을 잘 불리는 방법을 알려 주지도 않아요. 경제 교과서는 합리적 선택, 시장과 가격 등 경제학에서 다루는 지식, 이론을 제시하는 데 그치기 때문이죠. 금융 단원은 자산 관리의 필요성을 나열하거나 몇 가지 자산 상품을 소개하는 정도로 제시됩니다. 교과서 어디를 찾아봐도 돈을 잘 버는, 금융 투자에 성공하는 방법에 대한 이야기는 없어요.

그런데 선생님은 경제 수업이 우리가 살아가는 현실을 반영해야 한다는 데 동의하지만, 그것이 '금융 교육'이어야 한다는 데에는 우려가 앞서요. 곰곰이 생각할수록 이런 수업은 선생님과 여러분이 만나는 '학교'라는 공간의 성격과는, 특히나 민주 시민이 되길 바라는 사회 교실의 목표와는 전혀 다른 방향을 향하고 있거든요. 학교는 공교육 기관으로서 공동체적 삶을 배우고 준비해 가는 곳이에요. 우리는 학교에서 친구들과 대화하고 생각을 나누며 함께 지내는 법을 배웁니다. 주변의 소외된 친구들에게 손을 내밀고 다 같이 잘 사는 좋은 공동체를 그립니다. 그러면서 우리는 나의 이익에만 급급한 사람이 아니라, 공적인 일에 민주적으로 참여하는 시민이 되어 갑니다.

실제 경쟁 시장, 특히 금융 시장의 이면을 살펴볼까요? 전쟁 무기를 만드는 기업에 투자하는 사람은 지금도 지구 한곳에서 벌어지는 살육의 현장에 마음 쓰지 않습니다. 거대 기업의 시장 지배력에 기댄 투자자는 그 기업이 저지른 산업 재해와 피해당한 노동자에 대해 관심을 가지지 않아요. 최신 스마트폰을 출시한 기업의 주식을 사는 사람은 스마트폰의 필수 원료인 콜탄을 채굴하며 하루 2달러 저임금을 받는 콩고 민주 공화국 탄광 노동자의 괴로운 삶이 궁금하지 않습니다. 호모 인베스투스는 타인과 공동체에 무관심합니다. 그는 공동체가 없이 덩그러니 홀로 서 있는 개인이며, 우리가 호모 인베스투스가 될수록 세상에서 벌어지는 차별과 배제, 불평등에 무감각해집니다.

경제 교육과 경제 수업이 어떻게 하면 우리 일상에 더 가까워질 수 있을까요? 이제 우리는 경제 교과서가 단정하는 말에 의문을 가질 거예요. 선생님은 여러분에게 경제 교과서를 넘어서는 7가지 질문을 던지려 해요. 경제학이 말하는 합리적 선택, 수요와 공급의 법칙, 경제 주체, 경제 체제, 경제 성장, 국제 거래(세계화), 금융 시장에 관한 질문. 질문을 만들고, 질문에 답하다 보면 새로운 눈으로 경제 세상을 바라보게 될 거예요. 이 시간을 같이 밟아 가다 보면, 우리가 같이 잘 사는 사회를 꿈꾸는 경제 시민에 좀 더 가까워지리라 기대합니다. 자, 이제 선생님과 함께 경제 탐험을 떠나 볼까요?

차 례

프롤로그 5

우리는 정말
호모 이코노미쿠스로
태어날까?

(1)

경제 교과서
: 선택은 아주 단순해. 가성비만 잘 따지면 되니까!

우리는 자주 선택의 상황을 마주해요. 어디로 갈지, 누구를 만날지, 점심으로 뭘 먹을지. 이 상황에서 우리는 어떤 선택으로 얻는 행복감, 만족감, 포만감 등의 편익을, 그것을 위해 들이는 힘(에너지), 시간 같은 비용과 비교합니다.

일과를 마치고 집에 돌아와 저녁 한 끼 먹는 걸 예를 들어 볼까요? 집에 있는 반찬으로 먹을지, 집 앞 가게에서 포장해 올지, 배달 앱으로 주문할지. 사서 먹는다면 김밥을 먹을지, 라면을 먹을지, 어느 가게에서 파는 김밥이 맛도 좋고 가격도 저렴한지를 머릿속에 그립니다. '오늘은 집 앞 ○○ 김밥을 사 먹을래!' 주문해서 받은 포장을 열어 김밥 하나를 입에 쏙 넣어요. 입안에 퍼지는 밥

알과 고소한 참기름 향에 '아, 내가 아주 탁월한 선택을 했어!'라는 생각이 들죠.

그런데 때론 아쉬운 선택이었다고 생각하기도 해요. '이 가격에 먹기는 좀 아깝다.'거나 '혼자 먹기에는 양이 너무 많다.' 하는 거죠. 내 선택이 아쉬울 때는 '아, 다음엔 다른 선택을 해야지!' 다짐해요. 한 끼 식사하는데도 이렇게 여러 생각이 드는데요. 경제 교과서는 이런 선택의 상황에서 복잡하게 생각할 필요 없이, 쉽게 결정을 내릴 수 있는 간단한 방법을 제시합니다. 바로 '합리적 선택'입니다.

편익	어떤 선택을 할 때 얻는 만족감
비용	어떤 선택을 할 때 쓰는 돈
합리적 선택	각 대안의 편익과 비용을 정확히 파악하여 편익을 최대화하고 비용을 최소화해야 하는 선택

합리적 선택은 편익을 최대화하고 비용을 최소화하는 선택입니다. 혹은 편익에서 비용을 뺀 효용을 크게 하는 선택이라고 말할 수도 있어요. 요즘 많이들 쓰는 '가

성비'라는 표현이 딱 이 말이에요. 가격 대비 성능의 비교로 최적의 선택을 한다! 같은 가격이면 높은 성능을, 같은 성능이면 낮은 가격을 지불하는 선택을 하는 것이죠. 이렇게만 하면 올바른 선택을 할 수 있습니다. 예를 들어, A 가게 김밥 가격(비용)은 3,000원이고 만족감은 5,000원, B 가게 김밥 가격(비용)은 4,000원이고 만족감은 4,500원이라고 하죠. A 가게 김밥을 먹을 때는 +2,000원, B 가게 김밥을 먹을 때는 +500원이니까, A 가게를 가면 되는 거예요. 아주 단순하죠?!

경제 교과서는 기회비용이란 개념으로도 합리적 선택을 설명하는데요. 기회비용이란 어떤 것을 선택함으로써 포기하게 되는 여러 대안이 갖는 가치 중 가장 큰 것을 말해요. 합리적인 선택을 한다는 건 어떤 것을 선택해서 얻을 수 있는 효용이 선택에 따른 기회비용보다 큰 것이죠. 위의 예에 적용하면, A 가게 김밥을 택할 때의 기회비용이 'B 가게 김밥을 먹을 때의 +500원', B 가게 김밥을 택할 때의 기회비용이 'A 가게 김밥을 먹을 때의 +2,000원'이기 때문에, 둘 중 기회비용이 작은 A 가게 김밥을 선택하면 되죠.

사실 우리는 이미 이러한 선택에 익숙해요. □□ 초콜릿의 가격이 2,000원인 걸 보고 발길을 돌렸지만, 1+1 묶음 행사를 하거나 30% 가격 인하를 하면 그걸 집어 들죠. □□ 초콜릿을 먹을 때 나의 만족감이 1,000원과 2,000원 사이였을 거예요.

상품을 사는 것 외에도 합리적 선택은 우리 삶에 깊숙이 들어와 있어요. 예를 들어 우리는 한정된 시간과 기회로 인해 선택해야만 하는 상황을 마주해요. 연휴에 가족 모임에 가서 식사할지 아니면 아르바이트할지를 고민하기도 하고, 더 크게는 고등학교를 졸업하고 대학교에

갈지, 아니면 바로 직업을 구할지 등 인생의 중요한 기로에 놓이죠. 이런 상황에서 우리는 가성비, 기회비용을 따지는 합리적 선택을 하려 하고요.

우리는 일상생활에서 무엇인가를 가지고 싶은 욕구를 끊임없이 느끼지만, 원하는 욕구를 모두 충족할 수는 없다. 왜냐하면 욕구를 충족하는 데 필요한 돈과 시간 등이 한정되어 있기 때문이다. (…) 자원의 희소성 때문에 개인과 사회는 많은 선택의 문제에 직면한다.

경제 교과서는 인간의 본성으로 인해 우리가 가성비를 따지는 계속된 선택의 상황에 놓일 수밖에 없는 운명이라고 봐요. 인간은 물질적인 풍요를 끊임없이 욕구하는 본성을 가졌고, 언제나 가진 것에 만족하지 않고 조금이라도 더 가지려고 해요. 그런데 인간의 무한한 욕구에 비해 상대적으로 자원은 부족해요. 이러한 '자원의 희소성' 때문에 인간은 항상 선택의 문제에 직면하게 되는 것이죠.

여러분도 스스로에게 물질적으로 무한한 욕구가 있다고 생각하나요? 얼마의 돈을 가지면 만족하고 살 것

같나요? 10억 원? 아니면 100억 원? 큰돈을 가진다는 상상만으로도 기분이 좋아지나요? 경제 교과서는 인간의 욕구가 끝이 없다고 바라봅니다. 100억이 있으면 200억을, 1천억이 있어도 2천억을 더 가지길 원한다고 보죠. 그 인간상을 바로 '호모 이코노미쿠스Homo Economicus, 합리적 경제인'라고 합니다. 경제 교과서는 무한한 욕구를 가지며 모든 상황에 합리적 선택을 하려는 호모 이코노미쿠스를 보편적인 인간의 모습으로 둡니다. 다른 어떠한 가치들보다 돈을 최우선으로 하는 자본주의 경제에 아주 어울리는 인간상이지요.

호모 이코노미쿠스는 영국의 공리주의 철학자인 벤담Jeremy Bentham, 1748~1832에 의해 보편적인 인간으로 인정받아요. '공리功利'라고 하면 여러분이 공공의 이익이라고 잘못 이해할 수 있는데요. 여기서 공리는 '개인의 업적에 따른 이익'이라는 의미입니다. 공리주의는 어떤 행위의 옳고 그름이 인간의 이익과 행복, 쾌락을 늘리는 데 얼마나 이바지하는가 하는 유용성에 따라 결정된다고 보았어요. 유용성은 나에게 얼마나 이득이 되는가를 말하며, 이게 바로 '가성비'예요(그래서 좀 더 정확한 의미 전달을 위해, 공리주의가 아닌 '효용주의'로 번역하자는 학자들도 있어요).

경제 교과서는 호모 이코노미쿠스, 공리주의, 자본주의, 경제학이라는 네 개의 단단한 기둥으로 지은 높은 성입니다. 앞으로 할 우리의 질문은 이 성벽 곳곳의 빈틈과, 성벽 너머의 가려졌던 세상을 보려는 시도들이에요. 이 성벽 안에서 보편 진리라고 말하는 인간상과 철학, 경제 체제와 이론에 대해서, '정말 그러한가?'라는 의문을 가져 보는 것이죠. 경제 교과서의 논리 뒤에 감춰진 것들을 들여다보고 그 논리를 넘어선 질문을 던지는 시도입니다.

그 과정이 어색하게 느껴질 수 있어요. 우리는 이 공고한 성안의 세계에서 태어났고, 이 세계가 세상의 전부라고 알고 살아왔기 때문이죠. 우주를 경험하지 않은 우리가 마치 지구의 공기를 당연한 것으로 느끼는 것처럼, 아니 느끼지도 않고 살고 있는 것처럼요. 그렇지만 걱정할 필요는 없어요. 책을 한 장, 한 장 넘기다 보면 어느 순간 눈이 번쩍 뜨일 테니까요. 이제 우리 함께 차근차근 살펴볼까요?

인간은 자주 비합리적 선택을 한다

현실에서 사람들이 호모 이코노미쿠스처럼 항상 합리적 선택을 내리는 건 아닙니다. 과자를 사려고 마트에 들어갔는데, 바로 옆에 진열된 맛있는 초콜릿, 젤리, 음료수를 보고 먹고 싶은 충동이 생겨서 이것들을 추가로 집어 든 경험이 있을 거예요. 때때로 우리는 별생각 없이 친구를 따라 옷을 사기도 하고, 한정판 이벤트로 출시된 고가의 신발을 사기도 합니다. 과소비와 충동 소비, 남을 따라 사는 모방 소비, 친구들에게는 없는 물건을 사서 돋보이려는 속물 소비 등. 경제 교과서는 이러한 소비들을 합리적인 선택이 아니라는 의미에서 '비합리적인 소비'라고 불러요.

　　TV, 스마트폰, 인터넷 창, 건물 외벽, 길거리 전광판에서 하루에도 수없이 마주치는 화려한 광고는 우리 기분을 참 묘하게 하는데요. 광고가 합리적인 소비를 하라는 것과 비합리적 소비를 하라는 두 가지 신호를 동시에 보내기 때문이에요. 첫 번째 신호로 광고는 상품의 기능, 재료 등에 대한 여러 정보를 제공합니다. 실제로 우리는 손에 쥔 상품을 유용하게 사용하면서 기쁨을 누리죠. 착용감이 좋은 운동화를 신고 쾌적하게 달리고, 전자레인지로 손쉽게 조리해 먹어요.

　　동시에 광고는 비합리적 선택을 유도합니다. 화려하고 매혹적인 상품 이미지로 유혹하고, 그 상품을 사용하면 당신의 삶도 더 아름답고 풍요로워질 거라고 말해요. "매끄러운 디자인에 최첨단 기술이 더해진 스마트폰!", "아이돌 가수가 메고 다니는 알록달록 가방!" 여전히 쓸 만한 스마트폰과 가방을 갖고 있어도, 어느새 구매 사이트를 클릭하고 매장에 발을 들여놓아요.

　　사실 인간이 과연 합리적 경제인인가에 대한 의문은 최근 경제학의 주요 연구 영역이기도 한데요. 2017년 노벨 경제학상을 받은 미국의 리처드 탈러Richard H.Thaler, 1945~ 교수의 연구가 대표적입니다. 그는 사람들의 선택을 예측하는 행동 경제학 모형을 제시하는데요. 기존에 경제학이 인간은 늘 이성적인 선택을 한다고 전제했던 반면, 행동 경제학은 경제적 선택 과정에 숨어 있는 심리나 감정의 영향을 적극 고려해요. 애착, 기쁨, 슬픔, 불안 등 인간의 행동 뒤엔 여러 가지 요인이 깔려 있고, 이러한 요인들이 인간의 행동에 영향을 미친다고 보는 것이죠.

한 예로, 어느 프랜차이즈 식당 앞에 길게 늘어선 사람들을 보고 그 자리에서 해당 프랜차이즈 회사의 주식을 산 투자자는 곧 자신이 비합리적인 선택을 했다는 걸 곧 알게 돼요.[1] 주식의 가격이 계속 내려간 것이죠. 나중에 알고 보니, 식당에 길게 늘어선 줄은 손님이 많아서가 아니라 요리하는 시간이 길어서였어요. 투자자가 주식의 가치와 전혀 관련 없는 장면을 확대 해석해서 잘못된 결정을 내린 것이었어요.

행동 경제학은 호모 이코노미쿠스의 비합리적 선택을 이상한 행동이라고 무시하지 않고, 사람들이 비합리적 선택을 줄일 수 있도록 부드럽게 유도합니다. 예를 들어 투자자가 순간의 감정에 휩쓸려 투자하는 것을 줄이기 위해서, 투자 회사는 투자자가 최종 투자 버튼을 누르기 직전, 해당 투자 상품의 다양한 정보를 담은 창을 띄우는 서비스를 제공하는 것이죠.

그러나 행동 경제학이 보는 인간상에도 분명한 한계가 있어요. 행동 경제학이 합리적 선택을 막는 특정한 자극과 상황에 주목한다는 점에서, 인간을 외부의 상황과 자극에 반응하는 수동적 존재로 본다는 것을 의미합니다. 외부 자극에 수동적으로 반응하는 인간, 합리적 선택을 하려는 인간이라는 관점은 우리를 너무 단순하게 보고 있어요. 이런 시각은 사람들이 실제 하는 판단과 행동을 면밀히 살피는 데 한계를 갖습니다. 이제 우리는 합리적 인간과 비합리적 인간에 대한 논의를 넘어서서, 경제 교과서가 보는 인간상 자체가 갖는 문제를 근본적으로 돌아보려 합니다.

우리는 가성비를 넘어선 삶을 추구한다

'우리가 과연 호모 이코노미쿠스인가?'에 대해 하나하나 따져 보도록 하죠. 호모 이코노미쿠스는 편익과 비용을 수치로 나타내서 판단을 내려요. 자신에게 주어진 모든 선택지를 숫자로 표현해야 하죠. 그렇지만 편익과 비용을 정확한 수치로 말한다는 게 실제로는 쉽지 않아요.

비용은 상품에 붙어 있는 가격표를 보면 된다고 하지만, 편익은 어떨까요? ○○ 김밥을 먹을 때 나의 만족감은 얼마일까요? 3,000원? 4,000원? 상품의 구매가 아닌 다른 선택 상황에서는 더 어렵습니다. 내가 한 선택에 따른 만족감 혹은 행복감을, 더구나 아직 일어나지 않은 미래의 일을 숫자로 나타낸다는 게 말이죠. 일요일에 친구들과 놀러 가는 행복감은 얼마일까요? 10만 원을 버는 주말 아르바이트를 취소하고 아픈 가족을 종일 돌보는 것은 그보다 높은 가치일까요, 아닐까요?

혹은 내가 진정으로 행복을 느끼는 취미를 떠올려 볼까요? 좋아하는 아이돌 팬 미팅을 기다리며 밤새 줄을 섰던 일이나, 아무것도 하지 않고 하염없이 침대에서 뒹구는 시간, 반려동물과 한적한 길을 산책하는 순간……. 내가 주관적으로 느끼는 만족감과 행복감을 숫자로 표현할 수 있을까요? 더 나아가 우정, 추억, 여행 등의 소중한 경험을 숫자로 표현할 수 있을까? 하는 의문이 들죠.

우리 인간은 가치, 관계, 대의, 이타심, 공감, 사랑 등 값으로 따지기 어려운 것들을 고려하는 아주 복잡한 존재입니다. 그래서 우리는 합리적 선택에 반하는 행동도 자주 해요. 우리는 비용-편익 분석을 '놓쳐' 비합리적 선택을 하는 게 아니라, 의도적으로 비용-편익 분석을 '넘어선' 비합리적 선택을 하는 존재이기도 합니다. 경험해 보지 못한 새로운 분야에 도전하기 위해 낯선 땅으로 이주하거나, 사랑하는 사람과 평생을 함께할 결심을 할 때와 같이 삶의 결정적 순간들 앞에 우리는, 비용과 편익이 아니라 감정, 의지, 타인과의 관계로 그 길을 택하죠.

우리가 영웅에게 열광하는 이유도 여기에 있지 않을까요? 영화에서 초능력을 발휘해 악당과 싸우는 영웅에게도, 위험을 무릅쓰고 길 위에 쓰러진 사람을 구하는 평범한 시민 영웅에게도 우리는 감동하고 응원을 보내죠. 정의를 위해 싸우고 회사의 잘못을 폭로하는 등 누군가는 좋은 공동체를 꿈꾸며 숭고한 희생을 하기까지 해요.

애덤 스미스Adam Smith, 1723~1790도 지금의 경제 교과서에서 자신이 인간의 이기심만 말하는 경제학자로만 언급된다는 걸 알면 화가 나서 펄쩍 뛸 거예요. 그는 인간의 이기심을 말한 최초의 경제학자이기 전에, 평생 인간 내면의 이타심을 탐구한 도덕 철학자였어요. 『국부론』보다 먼저 집필하고 그 후로도 평생에 걸쳐 개정판을 낸 『도덕 감정론』에서 그는, "연민과 동정심이 인간의 천성"이며, 이는 "타인의 고통을 보거나 생생하게 느낄 때의 감정"이라고 했어요.[2] 경제학의 아버지인 애덤 스미스도 우리 인간이 호모 이코노미쿠스라는 하나의 모습만 가진 게 아니라 말하고 있죠.

그래서 우리는 한번 뒤집어 생각해 볼 필요가 있어요. 경제학의 가장 기본 전제인 호모 이코노미쿠스라는 인간상이 과연 옳은가? 모든 일에 가성비를 따지는 게

인간의 본성인가? 지금의 세상이 우리에게 인간의 본성
과는 다른 생각과 행동을 강요하는 건 아닌가? 호모 이
코노미쿠스는 자본주의 경제에서만 인정받는 아주 독특
한 모습은 아닌가? 하고요.

'자낳괴'가 되길 바라는
선생님은 없다

'자낳괴'라는 말 들어 본 적 있나요? '자본주의가 낳은 괴물'을 줄인 말인데요. 흔히 신념, 정의 등의 가치보다 오로지 돈을 우선시하는 사람을 꼬집는 데 쓰여요. 여러분이 그런 말을 듣는다면 어떤 기분이 들 것 같나요? "나는 합리적인 선택을 할 뿐이야!"라고 당당히 말할 수 있을까요? 아마도 '내가 그런 소릴 들을 정도로 돈에 집착하는 사람으로 보이나?' 하는 불쾌한 감정이 들 거예요. '자낳괴'라는 말에서 호모 이코노미쿠스가 사람들 사이에서 그다지 환영받지 않는 모습이라는 걸 엿볼 수 있어요. 앞에서 본 것처럼, 우리 인간은 그렇게 단순한 존재가 아니며, 오히려 합리적 선택을 뛰어넘는 행동을 할 때 더 '인간답다'고 해요. 그런 행위가 인간으로서 아름다움, 인간미를 느끼게 하죠.

여기 두 가지 학교가 있습니다. '호모 이코노미쿠스를 바라는 학교'와 '민주 시민을 바라는 학교'. 학교의 역사는 이 둘 사이를 오락가락했고, 지금도 섞여 있으며, 앞으로도 이 둘 중 어디로 걸어갈지 갈림길에 서 있어요. 학교의 시작은 첫 번째 성격이 짙었어요. 애초에 근대 학교는 유럽의 산업 혁명 시기, 적은 비용을 들여 빨리 일을 할 수 있는 공장 노동자를 양성하기 위해 세워졌거든요. 학교 교육은 '가성비'가 높아야 했어요. 학교는 학생들이 산업 사회가 바라는 지식, 기술을 빨리 습득하길 원했죠. 경쟁, 효율, 점수, 순위, 우등생과 열등생을 나누고 규율하는 문화가 학교를 지배합니다.

옛날이야기라고요? 지금도 중간고사와 수행 평가, 내신 등급, 수능 점수, 촘촘하게 서열화된 대학교와 학과들에 원서를 넣는 경쟁형 대학 입시까지. 여전히 학교 교육은 사회가 바라는 지식과 기능을 잘 익히는지, 그것을 숫자로 증명하고 잘 익힌 사람들에게 더 큰 보상이 가도록 하는 가성비의 영역이에요. 우리나라 공교육을 지휘하는 행정 부서인 교육부의 명칭이 과거에 교육 인적

자원부였던 적이 있어요. 학생을 국가 경제 성장을 위한 '인간 자원'으로 보는 시각이 드러나죠. 명칭은 바뀌었지만, 지금도 국가가 학생들을 경제 발전에 기여하는 대상으로 보는 시각은 여전합니다. 가성비의 공교육에서 학생들은 가성비 인간으로 자라게 되죠.

본래 교육은 호모 이코노미쿠스를 위한 곳이 아니었어요. 교육을 뜻하는 영어 'Education'은 라틴어에서 유래된 말로, '밖으로(ex) 이끈다(ducere)'라는 의미예요. 교육은 학생 한 명 한 명이 자신의 특별한 잠재력을 찾아가고 발휘하는 과정이죠. 학교는 상품을 공장에서 찍어 내듯이, 비슷한 인간을 빨리빨리 찍어 내는 곳도 아니에요. 학교를 뜻하는 영어 'School'은 한가한 여가, 조용하고 평화로운 시간을 뜻하는 그리스어 'Schole'를 어원으로 하는데요. 고대 그리스 시민들은 바쁜 일상으로부터 벗어나, 아테네 학당을 거닐며 세상과 나에 대해 곰곰이 생각하는 연습을 했죠. 학교에서의 교육은 학생이 세상을 알아 가고, 자신의 잠재력을 찬찬히 찾아 가면서 삶의 주인으로 살아갈 준비를 돕는 시간입니다.

진정한 교육이 이뤄지려면 학교가 좋은 공동체여야 하죠. 경쟁과 효율만을 따지는 학교에선 몇 가지 기준만으로 우열을 가리고 순위를 매기기 때문에 학생들은 자신의 잠재력을 발견하고 키우기 어려워요. "너만 잘 되면 돼.", "네가 경쟁에서 이겨야 해."라는 말이 가득한 분위기에서는 "우리 같이 잘 살 순 없을까?"하는 질문을 던질 수 없죠.

우리의 학교가 좋은 공동체가 되기 위해서는, 세상은 원래 냉혹하다며 각자 자기 살길 잘 찾으라는 말에 대해 "왜 그래야만 하는데?"라는 과감한 의문이 제기되어야 해요. 학생들은 학교 공동체에서 같이 공부하고 쉬며 타인과 함께 살아가는 법을 배웁니다. 우리의 경제 수업에서 나와 주변 사람과 공동체를 생각하는 질문들을 계속해 나가려는 이유입니다.

이기적인 게
이타적인 것이기도 하다

호모 이코노미쿠스가 합리적인 선택을 하기 위해서는 오로지 자신의 쾌락과 고통에만 몰두해야 해요. 그러다 보니 호모 이코노미쿠스에겐 타인과 공동체를 염두에 두지 않은 고립된 자아만 남습니다. 그런데 인간이 항상 자기만 생각하는 건 아니에요. 타인과 공동체를 위한 고민을 자주 하죠. 왜냐하면 우리는 이미 이타적인 DNA를 지니고 있기 때문입니다.

역사학자 유발 하라리Yuval Noah Harari, 1976~는 저서 『사피엔스』에서 인류 진화의 특별함을 소개하면서, 우리 안의 이타적 DNA에 대한 이야기를 들려줘요.3 현 인류의 조상인 호모 사피엔스는 어떻게 다른 수많은 인간종과 포유류를 제치고 지구상에 가장 큰 영향을 미치는 종이 됐을까요? 그 요인은 바로 공동체를 이루고 협력하는 능력이며, 이 능력을 가지게 된 배경을 호모 사피엔스의 특이한 진화 과정에서 찾을 수 있어요. 호모 사피엔스는 지구상의 어떤 생명체들과 비교할 수 없을 긴긴 시간을 오롯이 타인과 공동체에 기대는 방식으로 성장했어요.

다른 동물들은 이미 어미 배 속에서 어느 정도 성숙해서 태어나

요. 태어난 지 얼마 안 되어 걷고 스스로 먹이를 찾아 나서죠. 반면에 갓난아이는 눈의 초점을 맞출 수도, 목을 가눌 수도 없이 태어나요. 왜 그럴까요? 인류가 사족 보행에서 점차 직립 보행으로 진화하게 되자, 두 손의 사용이 더 편해지고 더 멀리 볼 수 있게 돼요. 그런데 직립 보행으로 골반이 좁아지는 퇴행도 함께 일어나서 출산의 고통이 커지게 되었죠. 이때 인류가 택한 진화 방식은 사족 보행으로 돌아가지 않고, 태아가 더 몸집이 크기 전에 미성숙한 태아로 출산하는 것이었어요.

그렇게 인간은 태어난 지 1년이 다 되어 갈 때 겨우 걸음마를 떼고, 몇 년은 지나야 기초 의사소통을 합니다. 한 인격체로 성장하기까지 기나긴 시간을 타인과 공동체 품에서 자라요. 공동체는 다른 짐승한테 잡혀가지 않도록 따뜻하게 보호해 줍니다. 곁에서 돌보는 타인은 '쉬, 똥, 침, 토, 코, 잠, 젖'이라는 공교롭게 한 음절로 표현되는 생리현상을 밤낮없이 해결해 주죠.4 우리가 감정을 읽고 옹알이하기까지 타인은 수도 없이 눈을 마주쳐 주고 웃긴 표정을 지어 줘요. 이기적인 게 본성이다? 아닙니다. 인간은 자신의 생존을 위해서라도 타인에게 기대야 했어요. 타인과 공동체를 생각하고 함께 살아가는 게 가장 지혜로운 DNA였던 것입니다.

가격을
수요-공급의 법칙으로만
설명할 수 있을까?

경제 교과서

: 수요와 공급이 만나는 지점에서 가격이 결정돼

더운 여름, 길을 걷다 보면 5분이 채 지나지 않아 이마에 땀이 송골송골 맺힙니다. '1,000원짜리 아이스크림을 하나 사 먹어야겠어.' 봉지를 뜯어 한 입을 베어 무는 순간 입안에 얼음이 사르르 녹으면서 더위가 싹 가셔요. '가만, 이 아이스크림은 왜 1,000원이지? 100만 원도 아니고, 10원도 아니고, 1,100원도 아니고, 900원도 아닌 1,000원일까?' 우리 학교 축제 때 학급 부스에서 팔기로 한 떡꼬치는 왜 2,000원으로, 인생 네 컷은 왜 5,000원으로 가격을 정했을까요? 집 근처 가게에서 그 정도 가격에 팔아서 그렇게 정했다고요? 그러면 가게들은 왜 그 가격에 팔까요? 상품의 가격은 어떻게 결정되는 걸까요?

이 질문에 대해서도 경제 교과서는 명쾌한 답을 내놓습니다. 바로 수요와 공급의 법칙입니다. '법칙'이라고?! 법칙은 모든 사물과 현상의 원인과 결과 사이에 내재하는 보편적인, 필연적인, 불변의 관계를 의미해요. 경제 교과서는 언제, 어디서나 어느 상품이든 그 가격을 알 수 있다고 자신 있게 말합니다. 바로 수요의 법칙과 공급의 법칙, 그것을 그래프로 나타낸 수요 곡선과 공급 곡선을 통해서죠.

수요	구매력이 있는 수요자가 일정한 가격에 어떤 상품을 구매하고자 하는 욕구
공급	판매 능력이 있는 공급자가 일정한 가격에 어떤 상품을 판매하고자 하는 욕구

수요와 공급의 법칙은 2차원 좌표 평면 '위에서' 증명됩니다. 가로축은 수량이고, 세로축은 가격입니다. 이 좌표 평면은 수학 시간에 함수 그래프를 읽는 순서와는 반대예요. 수학에서 X축(가로축)이 원인, Y축(세로축)이 결과이죠? 그런데 경제학에선 Y축(세로축)이 원인이

고, X축(가로축)이 결과입니다. 그래서 경제학 그래프를 처음 접할 때 조금 헷갈릴 수 있어요. 아무튼 경제학에서 그래프를 읽을 때는 "가격이 ~원일 때(세로축), ~만큼 사고자/팔고자 한다(가로축)."라고 읽습니다.

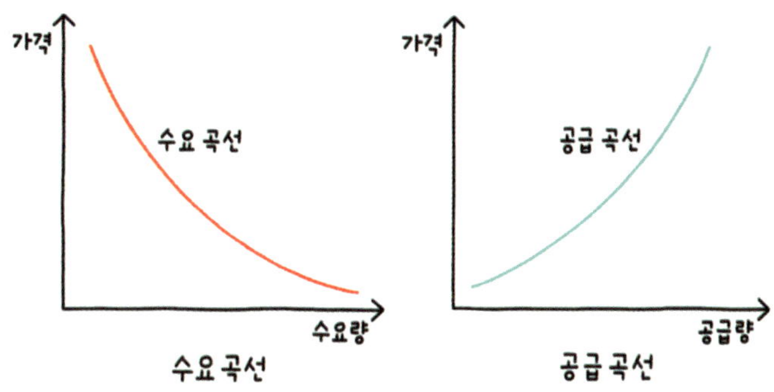

세로축(원인)이 가격인 이유는 뭘까요? 1장에서 다뤘던 경제학의 인간상, 바로 호모 이코노미쿠스를 전제하기 때문이죠. 한 상품을 사거나 파는 데 미치는 수많은 요인이 있어요. 상품을 사려는 사람들(수요자)의 머릿속에는 상품의 가격뿐만 아니라, 주머니 사정(자금), 그 상품을 얼마나 좋아하는지(기호), 굳이 안 사도 되거나 다른 걸로 사도 되는지(대체재) 등이, 상품을 팔려는 사람들(공급자)의 머릿속에는 생산 재료의 수급 여건과 가격, 고용한 노동자들의 임금 변동, 회사의 기술력 수준

등이 떠다니죠. 그중에서 가성비를 따지는 호모 이코노미쿠스는 가격이라는 요인에 가장 강하게 반응해요. 그래서 가격이 아닌 다른 요인들은 무시하고 가격을 유일한 변수로서 세로축에 두는 것이죠.

　수요란 소비자들이 어떤 상품을 사려고 하는 욕구예요. 일정한 가격에서 소비자들이 사고자 하는 상품의 양을 수요량이라고 하죠. 시장에서 소비자들은 어떤 상품의 가격이 오르면 덜 사려 하고, 가격이 내리면 더 사려고 합니다. 이를 수요 법칙이라고 하며 따라서 수요 곡선은 우하향해요. 반대로 공급이란 생산자가 어떤 상품을 팔고자 하는 욕구입니다. 일정한 가격에서 공급자가 팔고자 하는 상품의 양을 공급량이라고 하죠. 공급자들은 어떤 상품의 가격이 오르면 그 상품에 대한 공급량을 늘리고, 가격이 내리면 그 상품에 대한 공급량을 줄이려고 합니다. 이를 공급 법칙이라고 하며 공급 곡선은 우상향해요.

　아이스크림 가격이 결정되는 과정을 따라가 볼까요? 한쪽엔 아이스크림을 구입하고자 하는 사람들인 '수요자'가 있고 다른 한쪽엔 아이스크림을 판매하고자 하는 사람들인 '공급자'가 있어요. 이들은 모두 시장에서 정해지는 아이스크림 가격에 즉시 반응하여 사거나 팝니다.

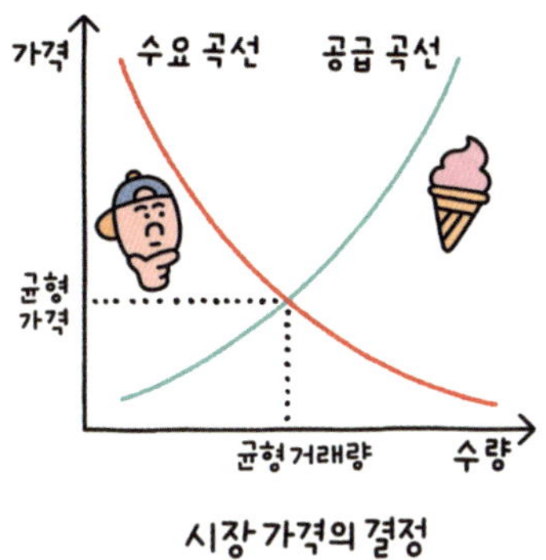

현재 가격이 500원일 때는 수요량이 공급량보다 많아, 수요자 사이에 값을 더 주고라도 사려고 하는 경쟁이 생겨나서 점차 가격이 올라가죠. 반면에 현재 가격이 2,000원일 때는 공급량이 수요량보다 많아, 공급자 사이에 경쟁이 발생해서 값을 낮추더라도 물건을 팔려고 하는 공급자들이 생겨나 점차 가격이 내려갑니다. 이러한 과정 끝에 결국 수요량과 공급량이 일치하는 점에서 시장 가격이 결정되는데, 이때의 가격을 균형 가격, 거래량을 균형 거래량이라고 합니다. 간단명료하죠? 깔끔하게 정리되는 법칙입니다.

이 법칙에 따르면 가격의 변동도 쉽게 알 수 있어요. 수요자와 공급자의 선택에 미치는 가격 이외의 요인들로 인해 수요 곡선과 공급 곡선이 이동하면 시장 가격과 거

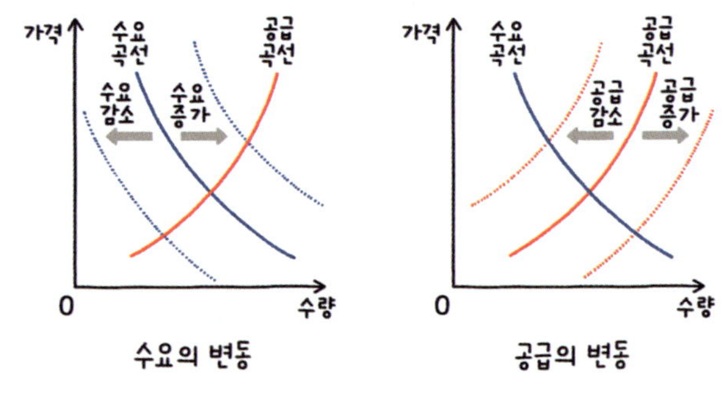

수요의 변동	소득이나 기호, 수요자의 수, 미래의 가격에 대한 예측 등 가격 이외의 요인이 변하여 수요가 증가하거나 감소하는 것
공급의 변동	생산 요소의 가격, 생산 기술, 공급자의 수 등 가격 이외의 요인 때문에 공급이 증가하거나 감소하는 것

래량이 달라져요. 예를 들어, 상품의 공급은 그대로인데 수요자가 늘어나면, 수요 곡선이 오른쪽으로 이동하여 시장 가격이 오르고 거래량은 증가해요. 또한, 상품의 수요는 일정한데 생산 요소의 가격이 올라 공급이 감소하면, 공급 곡선이 왼쪽으로 이동하여 시장 가격이 오르고 거래량은 감소하죠.

수요와 공급의 법칙이 진짜 법칙이 되기 위한 조건들

이제 이 수요-공급의 법칙을 현실에서 증명해 볼까요? 경제 교과서에는 학습자들이 이 법칙을 직접 도출하는 모의 활동이 이어져요. 학생들은 두 그룹으로 나뉘어 한 그룹은 상품의 수요자가 되고, 다른 한 그룹은 공급자가 됩니다. 교실 한가운데는 상품이 거래되는 시장이 있어요. 시장에서 티셔츠 가격이 제시되면, 수요자가 된 학생들은 티셔츠를 살지를, 공급자가 된 학생들은 티셔츠를 팔지를 결정합니다. 시장에서 제시되는 가격에 따라 사는 사람과 파는 사람의 수와 상품의 수량이 다르게 나타납니다. '1만 원일 때 수요 20벌, 공급 10벌, 2만 원일 때 수요 10벌, 공급 15벌, 3만 원일 때…….' 이런 식으로 여러 가격대의 거래를 반복하여 거래 내역을 기록합니다. 모든 참여자의 기록을 모은 자료를 그래프로 나타내면 수요 곡선과 공급 곡선이 그려지고, 결국 이 두 곡선이 교차하는 지점에서 티셔츠의 균형 가격이 도출되는 것이죠.

그런데 실제로 모의 활동을 해 보면 이 활동이 의도한 결론으로 이르지 않을 때가 많아요. 균형 가격이 잘 도출되지 않을 수 있습니다. 애초에 수요 곡선과 공급 곡선 자체가 잘 그려지지 않을 때도 있어요. 왜 법칙이 법칙답지 못하지? 하는 의문을 남긴 채 모의 활동이 끝나 버리는 겁니다. 왜 이런 일이 벌어지는 걸까요? 법칙이 현실에선 일어나지 않는다는 걸 어떻게 받아들여야 할까요?

우선 우리가 항상 호모 이코노미쿠스답게 행동하지 않는다는 걸 여기서도 확인하게 됩니다. 모의 활동을 안내하는 선생님이 합리적으로 선택하라고 신신당부해도 학생들이 실제로는 그렇게 행동하지 않을 때가 많아요. 학생들은 가격뿐만 아니라 다른 요인들도 복합적으로 고려하여 상품의 구매 또는 판매를 결정합니다. 티셔츠의 가치를 각자 다르게 여기고 있어서, 제시된 시장 가격에서 살지 말지, 팔지 말지에 대해 다양한 선택이 이뤄지죠.

또한 우하향하는 수요 곡선과 우상향하는 공급 곡선

이 그려지기 위해서는 이상적인 시장 모형이 가정되어야 해요. 바로 '완전 경쟁 시장'이라는 모형입니다. 시장은 상품을 사려는 수요자와 팔려는 공급자가 만나 거래가 이루어지는 장소 또는 관계입니다. 현실에서는 수많은 형태의 시장이 있죠. 그렇지만 완전 경쟁 시장은 다음의 네 가지 비현실적인 가정을 합니다.

완전 경쟁 시장은 수요자와 공급자가 무수히 많으면서, 이 시장에 진입하는 장벽이 없습니다. 또한 공급에 참여하는 기업들이 만드는 상품의 질이 동일해야 하나의 상품 시장에 참여하는 공급자들이라 할 수 있고요. 수요자와 공급자 모두 상품과 가격에 대한 완전한 정보를 가지고 있어서, 시장 가격에 즉각 반응해요. 이에 따라 각 가격대에 수요량과 공급량이 찍히고, 그 점들이 모여 수요 곡선과 공급 곡선을 그릴 수 있는 것이죠.

그런데 현실에서는 이 중 하나의 조건을 갖추는 것도 어려워요. 현실 시장에서는 한 상품에 대해 그것을 사고자 하는 사람과 팔고자 하는 사람이 무수히 많지 않아요. 그리고 그 상품 시장에 대한 정보도 사람마다 다르고, 시장에 진입하는 장벽이 존재하죠. 기업마다 생산하는 상품의 질도 조금씩은 다르고요. 그래서 경제 교과서도 완전 경쟁 시장은 현실에 거의 존재하지 않는다고 인정합니다.

그렇지만 완전 경쟁 시장의 가정이 아무 의미 없는 건 아니에요. 완전 경쟁 시장은 시장과 가격, 거래량을 분석하기 위해 이론적으로 좋은 도구가 될 수 있거든요. 한 상품의 수요와 공급이 이상적으로 이뤄진다는 가정에 비추어 현실의 가격 수준이나 변동, 거래량을 예측하게 하고, 상품 거래에서 시장의 자율 기능이 잘 작동하지 않는다면 그것을 해결하는 단서를 제공합니다. 학문에서 모형, 모델, 이론, 상황, 가정 등을 설정하는 것은 이런 이유에서죠.

법칙이 현실을 이기는 일이
벌어진다면?

법칙이 현실과 멀어지는 건 어찌 보면 당연해요. 법칙은 현상과 현상 사이의 연결 고리를 만드는 건데요. 이 연결 고리를 만들기 위해서는 두 현상 외의 다른 요인들을 제거해야 하죠. 반대로 말하면, 현실의 다양하고 복잡한 현상들은 법칙으로 간단하게 말하기 어려워요. 수요-공급의 법칙은 가격 외의 다른 변수들을 무시하고 완전 경쟁 시장 모형을 전제해야 성립하는 법칙이라는 걸 다시 생각해 봐야 해요.

이를 강조하는 이유는 경제학이 이 수요-공급의 법칙을 모든 경제 상황에 분석의 도구로 들이밀기 때문이에요. 도서관의 서가에 꽂힌 경제학 책을 한 권 꺼내 휘리릭

넘겨 보세요. 거기엔 수요-공급의 그래프가 수도 없이 그려져 있을 거예요. 이 수요-공급 그래프라는 도구로 현실을 설명할 수 없거나, 문제의 해결을 기대하기 어려운 현상에 대해서까지도 말이죠. 앞으로 몇 가지 사례를 살펴볼 텐데요. 경제학은 상품의 가격뿐만 아니라, 물가의 상승(인플레이션)에도, 최저 임금의 적용 효과에도, 여기저기에 현실을 지나치게 단순화한 상황을 만들고, 수요-공급의 법칙으로 설명하려 해요. 학문이 현실을 나아지게 하긴커녕 현실을 더 악화시키는 아이러니가 경제학의 수요-공급 법칙을 마구 적용하려는 데서 발생한다는 사실!

이론과 모형, 거기서 도출된 법칙은 마치 실험실 속의 진공 상태와 같아요. 법칙이 성립하기 위해선 수많은 가정과 제한된 상황을 전제해야 한다는 걸 빼먹은 채 공부하면, 수요, 공급, 가격이 자동으로 결정되는 마치 자연의 원리와 같은 것으로 느끼게 돼요. 그렇게 되면 여러분은 경제 현상이 손쓸 수 없는 영역이라고 생각해 단념하게 되죠. 다른 사회 현상과 마찬가지로 경제 현상도 사람, 법, 제도 등에 영향을 받을 수 있다는 사실이 가려집니다. 그래서 법칙이 가질 수밖에 없는 문제에 대해 능동적으로 생각해 보아야 해요.

최저 임금은
최소한의 생활 조건이다

수요-공급의 법칙을 무리하게 적용하는 가장 대표적인 예인 최저 임금제를 살펴볼까요? 최저 가격제(가격 하한제)는 균형 가격보다 높은 가격에서만 거래할 수 있도록 법으로 강제하는 정책이에요. 쌀값이나 임금을 일정한 가격 이상으로 거래하게 해서, 시장의 공급자인 농부나 노동자의 소득을 보장하는 것이 그 예예요. 그 대표적인 예가 최저 임금제입니다. 최저 임금제는 노동자가 받는 '임금의 최저 수준을 보장하여 노동자의 생활 안정을 목적'(최저 임금법 제1조)으로 해요. 시장에 맡기면 노동자들이 지나치게 낮은 임금을 받을 수도 있는데, 최저 임금제는 이를 방지하도록 하죠.

이제 이 모형 뒤에 숨은 이야기들을 들여다보기로 해요. 노동 시장에서의 수요-공급 곡선은 사람의 노동을 상품으로 보고 있어요. 선풍기나 라면의 가격이 시장의 수요-공급에 의해 결정되듯, 노동 시장에서의 임금도 자연스럽게 결정된다고 보는 것이죠. 그래서 최저 임금제는 인위적인 가격 설정으로 인해 시장의 자율 기능을 망치는 것으로 보이게 해요. 최저 임금제는 노동 수요와 공급을 어긋나게 하는 비합리적인 제도로 이해될 뿐입니다.

그런데 이런 식으로 접근하면 최저 임금제가 품고 있는 제도적인 목표, 즉 누구에게나 인간적인 삶을 보장하려는 사회 안전망으로서의 의의가 사라져 버려요. 최저 임금은 그 사회의 물가, 필수 생활비, 주거비 등을 따져 한 사람이 살아갈 수 있는 말 그대로 '최소한의' 임금 수준을 측정한 것입니다. 풍요롭고 여유롭게 살 수 있는 정도가 아니라, 사람이 입에 풀칠하면서 겨우 살 정도의, 말 그대로 최저의 임금 수준이에요.

그런 면에서 최저 임금제 시행 전의 시장 임금이 적정한가를 되물어 볼 필요가 있어요. 최저 임금보다 낮은 임금은 국민 모두가 존엄한 인간으로서 인권을 보장받는 민주 국가(헌법 제10조)에서 일어나선 안 되는 일이에요. 최저 임금보다 낮은 시장의 균형이 애초에 반인권적 사회 모습을 반영하는 것인지 따져야 하는 것이죠. 역사적 배경이든, 정치적 이유이든 노동자에 대한 임금 처우가 낮은 사회라면, 현재의 시장 임금 자체가 차별과 불평등일 수 있어요. 그런 사회일수록 최저 임금제의 도입이 시급한 것이고요. 수요-공급 법칙의 무리한 적용이 누구에게나 인간다운 삶을 보장하려는 인권의 가치를 가리는 건 아닐까요?

수요-공급의 법칙이 갖는 더 근본적인 한계가 있는데요. 그것은 바로 한 상품의 가격이 왜 하필 그 가격대인가에 대해서는 설명할 수 없다는 것이에요. 최신 스마트폰 가격이 155만 원이었다가 145만 원이었다가 하는 건 수요와 공급 곡선의 이동으로 설명할 수 있어요. 그렇지만 수요-공급의 법칙은 애초에 왜 최신 스마트폰의 가격대가 150만 원에서 형성되는지를 설명할 수는 없어요. 공급은 넘치는데 수요가 없다고 고급 자동차의 가격이 1만 원으로 떨어지지는 않아요. 반면에 종이컵의 공급이 턱없이 부족한데 수요가 폭발적으로 증가했다고 해서 가격이 1억 원으로 오르지는 않죠. 수요와 공급의 변화는 가격의 등락을 설명할 수는 있지만, 왜 상품마다 다른 가격대에서 오르내리는지 설명할 수 없어요.[5] 수요-공급의 법칙은 "스마트폰의 가격은 현재 150만 원이야. 왜냐하면 지금 150만 원에서 수요와 공급이 만나기 때문이지."라는 동어 반복의 대답만 할 수 있을 뿐이죠. 그렇다면 상품의 가격이란 대체 무엇일까요?

이를 설명하는 이론이 '노동 가치론'입니다. 영국의 고전파 경제학자 애덤 스미스와 데이비드 리카도David Ricardo, 1772~1823가 일찍이 제시한 이론이죠. 애덤 스미스는 상품의 가격은 그 상품을 생산하는 데 필요한 노동량이라고 말합니다.[6] 스미스의 학설을 이어받은 리카도 또한 상품의 가치는 그 상품의 생산에 필요한 노동량에 달려 있다고 단언하죠.[7] 이에 따르면 최신 스마트폰 가격이 150만 원이라는 것은 원료의 채굴, 가공, 조립과 같은 상품 생산 과정에서 들어간 수많은 노동의 가치를 합한 값입니다. 아이스크림이 1,000원인 건 거기에 들어간 노동 가치가 1,000원, 자동차가 5,000만 원이란 건 거기에 들어간 노동 가치가 5,000만 원이라는 거죠. 장인이 직접 손으로 한 땀 한 땀 만든 가방이나 시계, 수제 케이크처럼 생산자의 손을 정교하게 거친 음식이 더 비싼 이유도

여기서 찾을 수 있죠. 상품의 가격은 노동 가치에 의해 정해지고, 그 가격 근처에서 수요 또는 공급의 변화에 따라 가격이 올랐다, 내렸다 하는 것입니다.

노동 가치론을 알게 되니, '노동'이라는 단어가 새롭게 보이나요? 주변의 책상, 의자, 전등, 필기구 등을 둘러보세요. 상품 하나하나에 누군가의 노동이 스며들어 상품으로서 가치를 지니게 된 것이죠. 김밥 한 줄에도 당근, 시금치, 우엉을 농사짓고, 단무지와 햄을 가공하고, 밥을 짓고, 김밥 재료들을 다듬고, 김밥을 마는 노동이 쌓여 있어요.

그렇다면 상품의 가치를 만드는 노동자의 삶도 풍요로워야 하겠죠? 그런데 노동자들의 삶은 여유 없이 팍팍합니다. 사람들은 빠르면 10대 후반에 일을 시작해서 60대에 은퇴할 때까지, 아니 60대를 넘겨서도 일을 찾아 나서다 보니 몸과 마음이 소진돼요. 만성적인 직업병에 걸리거나 산업 재해를 당하는 노동자들도 많고요.

결국 우리는 아주 혼란스러운 상황을 마주하게 돼요. 우리가 사는 경제 체제, 즉 자본주의 경제의 물질적인 풍요는 모두 노동으로 탄생했기에 노동이 갖는 위상이 전에 없이 올라갑니다. 그런데 동시에 그것을 자기 손으로 만들어 낸 노동자들의 처지는 좀처럼 나아지지 않아요. 어떻게 이런 일이 벌어지게 되는 걸까요? 다음 장에서 이 질문에 대한 답을 찾아가 보도록 하죠.

경제학에 숨어 있는
노동 가치론의 흔적

지금의 경제 교과서에선 가격 결정의 가장 기본적인 요인인 노동 가치론을 찾아볼 수 없어요. 경제 교과서는 경제학의 모든 주장이나 이론을 소개하지 않거든요. 경제 교과서는 경제학의 주류를 형성한 학파가 제시한 내용들만 다루는데요. 영국의 알프레드 마셜Alfred Marshall, 1842~1924과 프랑스의 레옹 발라Léon Walras, 1834~1910를 대표로 하는 신고전학파 경제학이 제시한 수요-공급의 법칙만으로 상품의 가격을 설명하고 있는 것이죠.

신고전학파 경제학자들은 고전학파 경제학의 노동 가치론을 단절해요. 이들은 상품에 내재한 노동이라는 객관적 가치보다는, 상품의 수요자 혹은 공급자가 느끼는 주관적 가치에 의해 상품 가격이 결정된다고 보았어요. 신고전학파의 새로운 접근은 예술 작품 경매, 공연 티켓 구매처럼 사람들이 느끼는 주관적 효용이나 만족도가 가격에 큰 영향을 미치는 상품을 설명할 때 유용해요.

경제 교과서에서 노동 가치론을 직접 다루진 않지만, 노동 가치론의 흔적이 여기저기 남아 있습니다. 그 예로 5장에서 다룰 국내 총생산을 산출하는 방식을 들 수 있습니다. 국내 총생산은 한 국가

의 국경 안에서 일정 기간 동안 새롭게 생산된 재화와 서비스들의 최종 시장 가치를 모두 더한 것인데요. 최종 생산물이 되기까지 중간 단계의 노동들이 합해지는 것이고, 따라서 노동의 합이 그 나라의 총생산량이 되는 것이죠. 한 나라의 부는 국민이 노동한 가치의 합이라는 겁니다.

예를 들어, 어부가 물고기를 잡아서 2,000원에 생선 장수에게 팔았다면 어부는 어업으로 2,000원의 가치를 만든 것이에요. 생선 장수가 어부에게 물고기를 2,000원에 사서 요리사에게 3,000원에 팔았다면 생선 장수는 손질과 유통업으로 1,000원의 가치를 만든 것이고요. 요리사가 이 생선으로 맛있게 요리를 해서 식당에 찾아온 손님에게 6,000원에 팔았다면 요리사는 요식업으로 3,000원의 가치를 만든 것이죠. 결국 최종 상품의 가격인 6,000원은 어부, 생선 장수, 요리사의 노동의 가치를 모두 더한 것을 의미합니다.

시장은
자유롭고 평등한
만남의 장소일까?

경제 교과서
: 시장에서 생산-분배-소비가 원활하게 순환해!

경제 활동은 '사람이 생활에 필요한 재화와 서비스를 생산하고 분배하며 소비하는 활동'입니다. 상품을 만들어 내거나 기존에 있던 상품의 가치를 증대시키는 활동인 '생산'. 자본, 토지, 노동력 등의 생산 요소를 제공하고 그에 대한 대가를 받는 '분배'. 사람들이 필요한 상품을 구매하여 사용하는 '소비'. 경제가 잘 돌아간다는 것은 생산, 분배, 소비라는 경제 활동이 원활하게 순환하는 걸 의미합니다.

이러한 경제 활동은 시장이라는 공간에서 이뤄집니다. 교과서에서는 시장을 어떻게 바라보는지 살펴볼까요?

시장은 상품을 사려는 사람과 팔려는 사람이 만나 이들 간의 상호 작용을 통해 교환과 거래가 이루어지는 곳이다. (…) 시장은 거래 상대방을 찾는 데 들어가는 시간과 비용을 크게 줄였다. 시장이 없었다면 사람들은 자신에게 필요한 것을 판매하는 사람을 일일이 찾아다녀야 했을 것이다. 또한, 시장은 분업과 특화를 촉진하였고 이로 인해 시장 또한 확대되었다. 시장이 생겨나면서 사람들은 자신이 필요로 하는 상품을 모두 다 생산할 필요가 없어졌다. 하나의 상품을 만드는 과정을 여러 단계로 나누고 더 잘 생산할 수 있는 분야에 특화하는 과정에서 더 많은 상품이 생산되고 거래는 더욱 확대되었다.

시장의 종류로는 대형 마트, 재래시장 같이 실제 사람들이 모이는 곳도 있고, 인터넷 쇼핑몰처럼 가상 공간도 있죠. 시장에서 소비자는 원하는 상품을 쉽게 찾고, 생산자는 만든 상품을 소비자의 눈에 들어오게 시장에 전시해 놓아요. 시장이 없었다면 경제 활동이 어떻게 가능했을까요? 시장이 없는 경제 활동을 상상하기 어렵네요.

그런데 긴 인류의 역사에서 생산, 분배, 소비가 시장에서 이루어진 건 아주 최근에 시작된 일이에요. 인류는 수만 년 동안 먹을 것, 입을 것, 즐길 것을 직접 구했습니다. 먼 옛날 조상들은 수렵과 채집을 통해 먹을 것을 얻고 옷을 지어 입었어요. 농경이 시작된 이후엔 농사를 짓고, 가축을 기르고, 집을 지었죠. 농경 사회에서도 시장이 형성된 곳이 있었지만, 아주 일부에 불과했어요. 사람들이 먹고 쓰는 거의 모든 의식주를 가족과 마을이라는 공동체 내부에서 해결했죠.

모든 경제 활동을 공동체 내부가 아니라, 공동체의 외부인들과 시장에서 만나 하게 된 건 300년이 채 안 된 역사적으로 특수한 사건이에요. 18세기 중반 유럽의 산업 혁명 직전부터 본격적으로 이뤄진 것인데요. 생산에 기계가 도입된 산업 혁명 시기와 구분하여 바로 이전 시기를 '매뉴팩처(공장제 수공업) 시기'라고 불러요. 애덤 스미스는 바로 이 매뉴팩처 시기에 협업과 분업으로 인한 생산력의 폭발, 그에 따른 분업화와 급격한 시장의 발달을 목격하게 되죠. 그는 분업을 적용하여 핀을 만드는 매뉴팩처 공장을 탐사하면서 깜짝 놀랍니다.

첫 번째 사람은 철사를 잡아 늘이고, 두 번째 사람은 철사를 곧게 펴며, 세 번째 사람은 철사를 끊고, 네 번째 사람은 끝을 뾰족하게 하며, 다섯 번째 사람은 대가리를 붙이기 위해 끝을 문지른다. (…) 이처럼, 핀을 만

드는 중요한 작업은 약 18개의 독립된 조작으로 분할되고 있는데, (…)
10명이 하루에 48,000개 이상의 핀을 만들 수 있고, 한 사람은 하루에
4,800개의 핀을 만든 셈이 된다. 그러나 그들이 각각 독립적으로 완성
품을 만든다면, (…) 그들 각자는 어쩌면 하루에 1개도 만들 수 없을지도
모른다.8

먼저 협업과 분업화 이전 시기에 물건을 만들어 내

는 장면을 생각해 보죠. 장인이 그릇, 쟁기 등 하나의 물건을 만드는 처음부터 끝까지의 과정을 다 밟아요. 그는 재료를 구하고, 흙을 반죽하고, 모양을 잡고, 가마에 불을 때고, 굽는 일련의 과정을 하나하나 실행합니다. 반면 편 공장의 노동자들은 생산 과정을 잘게 쪼개서 분업화된 하나의 일에 몰두해요. 그리고 노동자 각자의 단순 작업이 모여 수백 배의 상품을 생산해 내게 되죠. 이러한 분업이 한 공장을 넘어서 사회 전체에서 진행되면 국가의 부 또한 폭발적으로 증가하게 되고요.

분업화와 시장의 발달이 가져오는 새로운 경제생활을 애덤 스미스는 "보이지 않는 손"이라는 유명한 말로 표현합니다. 그는 "우리가 저녁 식사를 기대할 수 있는 것은 정육점 주인이나 양조장 주인, 또는 빵집 주인의 자비가 아니라 그들이 자신의 이익, 즉 돈벌이에 관심이 있기 때문"이라고 말하죠. 각자의 분업화된, 특화된, 전문화된 노동을 하며 이윤을 추구하면, 보이지 않는 손이라는 자율적인 경제 원리가 이뤄져서 사회 전체를 풍요롭게 한다는 것이죠.

분업화는 산업 혁명 초기에만 일어난 일이 아니고, 현재까지 계속되고 있어요. 특히 최근 수십 년 사이에 분업과 시장의 확대가 더 급격히 진행되고 있죠. 여러분의 할머니, 할아버지 세대만 해도 옷을 직접 지어 입거나 먹거리를 직접 농사짓는 분들도 많았지만, 지금은 우리가 먹고 쓰는 거의 모든 것을 시장에서 구입해서 쓰고 있어요. 이제는 상품이 국경을 넘어 전 세계에서 와요. 우리의 미세한 일상에까지 영향을 미칩니다. 밥 한 끼 먹는 것도 식당에 가서 먹든, 배달 주문을 하든, 밀 키트나 도시락을 구입하든, 내가 아닌 누군가의 분업 노동으로 생산한 것들이죠. 분업은 사람들의 살아가는 방식을 완전히 바꾸어 놓았어요. 자신이 잘할 수 있는 하나에 집중해서 생산에 참여하고, 그 대가를 분배받아 소득이 생기게 되며, 시장에 가서 소비하죠.

이러한 분업 사회에서 진로 수업, 진학 상담 등이 이뤄집니다. 진로와 진학에 대한 탐색은 모든 영역에 고루 능력을 키우려는 전인적인 인간상을 목표로 하는 시간이 아니에요. 사회 전반의 분업과 특화가 계속되면서 사람들은 이제 모든 걸 다 잘할 수 없고, 모든 걸 다 잘할 필요도 없습니다. 음식도, 농사도, 바느질도, 가르치는 일도 각 분야에서 점점 더 전문화된 영역과 직업이 생겨나요. 요리사를 하고 싶다면, 한식, 중식, 일식, 양식 등 자신의 전문 요리 분야를 찾아가죠. 단순히 자동차 엔지니어가 아니라, 국내 기업이 제조하고 생산한 지 10년 이상 된 중형차의 엔진을 점검하는 자동차 엔지니어가 되는 거예요. 선생님이 어렸을 적엔 동네 의원에서 예방 접종도 놔 주고 감기약도 주고, 발목이 접질리면 부목도 대 줬어요. 요즘엔 증상에 따라 내과, 정신과, 정형외과, 치과를 찾아 갑니다. 치과 중에서도 사랑니 발치, 치열 교정, 임플란트 등으로 더 전문화된 의료가 이뤄지죠.

하하, 경제 시간에 왜 진로 이야기를 하냐고요? 이번 장에서 우리는 시장에서 생산, 분배, 소비가 원활하게 이 루어진다고 배웠어요. 그건 분업이 생겨났기에 가능했던 거고요. 점점 더 세분화되는 분업 사회에서 여러분은 진 로를 결정하게 될 거예요. 어때요, 경제가 여러분의 삶과 정말 밀접하다는 걸 느꼈나요?

경제 교과서

: 시장 거래는 개인과 기업 모두를 이롭게 해

생산, 분배, 소비라는 경제 활동을 실제로 이뤄지게 하는 경제 주체가 있습니다. 바로 개인과 기업입니다. 경제 교과서는 경제 주체로 '개인'보다는 한 가정을 경제생활의 기본 단위로 봐서 '가계'라는 말을 주로 쓰는데요. 가계를 이루는 구성원들은 경제 활동에 독립적으로 참여하고 최근엔 1인 가구도 급증하고 있어서, 선생님은 경제 주체로서 가계보다는 개인이란 표현을 쓰려고 합니다. 개인은 소득을 바탕으로 소비 활동을 하는 경제 주체예요. 그리고 기업은 이윤 획득을 목적으로 재화와 서비스를 생산하는 경제 주체입니다. 개인과 기업은 생산물 시장과 생산 요소 시장이라는 두 종류의 시장에서 만나요(세

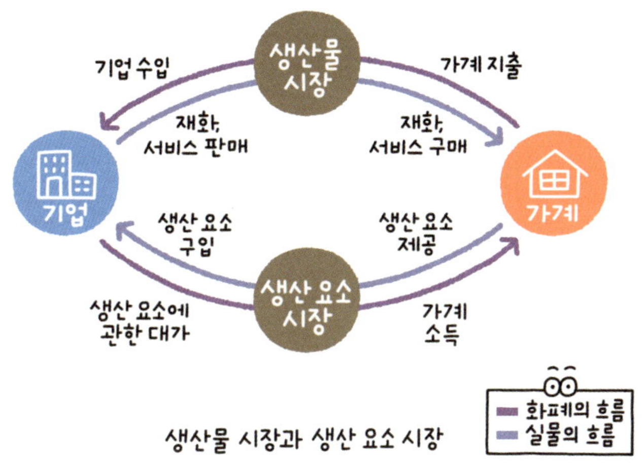

생산물 시장과 생산 요소 시장

번째 경제 주체로 제시되는 정부는 4장에서 자세히 얘기해 볼게요).

생산물 시장에서 개인은 상품의 수요자로, 기업은 상품의 공급자로 거래합니다. 반면에 생산 요소 시장에서 개인은 생산 요소의 공급자로, 기업은 생산 요소의 수요자로 참여하죠. 개인은 생산 요소로 토지, 자본, 노동을 제공하고, 각 생산 요소를 제공한 대가로 지대, 이자, 임금을 받아요. 개인은 그 돈으로 생산물 시장에서 기업이 만든 재화와 서비스를 구매해요. 기업은 필요한 생산 요소를 구입하여 좋은 상품을 만들고, 이것을 판매하여 이윤을 남깁니다.

개인과 기업은 서로 다른 목적으로 시장에서 만납니다. 개인은 효용의 극대화를 추구하고 기업은 이윤의 극대화를 추구하죠. 그 목적은 다르지만 시장에서의 개인과 기업의 거래는 양자 모두를 만족시키는 거래입니다. 이러한 상황은 마치 시장에서의 경제 활동에 참여하는 주체들 간에 대등하게, 자유롭고 평등하게 만나는 것처럼 보이게 하네요. 정말 그런지 살펴볼까요?

신분 해방의 자유는 불완전한 자유였다

경제 교과서가 가정하는 모형은 현실의 복잡하고 다양한 모습을 단순화하는 문제가 있다고 앞선 장에서 강조했는데요. 여기서 살펴보는 경제 주체와 생산 요소 시장도 그렇습니다. 생산 요소 시장 중에서 노동력과 임금이 오가는 노동 시장은 이 거래의 뒷모습을 더 자세히 들여다봐야 해요. 노동 시장은 2장에서 최저 임금제의 의의와 한계를 논의할 때도 살펴봤었는데요. 여타 시장과는 다른 세심한 관찰이 요구됩니다. 왜냐하면 노동 시장은 거래되는 상품이 '사람'이기 때문이에요. 세상에서 가장 귀한 사람이 사고파는 상품이라니?! 인권의 관점에서 보면 있어서는 안 될 말이지만, 우리가 사는 세상은 사람이, 사람의 노동이, 사람의 신체와 정신을 활용해 노동하는 능력이 시장에서 거래됩니다.

아이러니하게도 인간은 누구나 존엄하다는 보편적인 인권 이념의 형성과 인간의 노동이 거래되는 노동 시장의 발달이라는 두 사건은 역사적으로 동시에 진행된 일이에요. 시민 혁명과 산업 혁명으로 대표되는 근대 사회의 시작을 유럽의 산업 자본가인 '부르주아'가 주도했기 때문이죠. 주어진 계급을 하나님의 섭리로 따르는 중세 사회는 천 년 넘게 이어져 오다가 17세기 말부터 점점 붕괴하게 돼요.

부르주아는 왕족, 귀족, 영주 등이 지배하는 계급 사회를 철폐하고 신분을 해방하는 시민 혁명을 이끌었어요. 그러나 인권을 누리는 범위는 모든 인간이 아니라 부르주아 자신들, 즉 재산을 가진 백인 남성으로 한정했습니다. 부르주아는 재산이 없는 노동자, 흑인, 여성과 아동 등 타자를 자신의 재산을 증식시키는 대상으로 바라봤어요. 그래서 소수 부르주아 외 다수의 입장에서는 지배 계급이 귀족, 성직자, 영주, 지주에서 산업 자본가로 바뀐 것에 불과했던 것이죠. 계급이 없어졌다고 해서 모든 사람들이 진정한 자유와 평등을 누리게 된 건 아니었어요. 다수는 이제 피지배 계급인 농부나 농노에서, 자유로운 신분을 가지지만 자신의 노동력을 팔아야 생계를 이어 갈 수 있는 노동자가 되어야 하는 운명에 놓이게 되었습니다.

문제는 노동 시장에 누구나 대등한 경제 주체로 참여할 수 없다는 거예요. 노동력을 제공할 수 있는 개인 간의 차이가 있고, 그래서 그 대가로 받는 몫도 사람에 따라 차이가 크기 때문입니다. 어떤 사람은 연령, 신체 조건, 장애 정도에 따라 노동력을 제공할 수 없을 수도 있어요. 그리고 어떤 사람은 일자리가 부족한 지역에 살거나, 더 이상 자신이 쌓은 전문성을 필요로하지 않는 사회 변화를 마주할 수도 있습니다. 소득이 적거나 없는 사람들은 생산물 시장에서 상품의 수요자로서도 경제 활동을 하기 어렵다는 것을 의미해요. 이들은 생산-분배-소비의 경제 활동에서 흐름의 바깥으로 밀려나게 되는 것이죠.

자본주의 풍요를 가져온
진짜 주인공, 노동자

'노동'이라는 가치가 갖는 위상이 전에 없이 올라가는데, 노동하는 사람들의 처지는 좀처럼 나아지지 않는 일이 어떻게 동시에 발생하는 걸까요? 카를 마르크스Karl Marx, 1818~1883는 이런 역설적인 상황이 왜 벌어지는지를 밝히기 위한 연구에 몰입합니다.

마르크스는 스미스와 리카도가 놓쳤던 '노동'과 '노동력'이라는, 미세하지만 중요한 차이를 발견해요. 마르크스는 노동 시장에서의 노동자와 자본가 간 거래는 '노동'이 아니라 '노동력'이라고 했어요. 이 둘은 어떤 결정적인 차이를 가질까요? 노동자는 생산 과정에서 자기 '노동의 가치'를 상품에 불어넣어요. 그러나 노동자는 상품에 넣은 노동의 가치만큼의 대가를 자본가로부터 받지 못합니다. 노동자는 노동의 가치보다 작은 '노동력의 가 치' 만큼만 임금으로 받거든요. 노동력의 가치는 노동 과 정에서 상품에 스며든 노동의 가치보다 작아요. 그렇다 면 노동력의 가치, 즉 임금은 얼마일까요?

사실 노동력의 가치가 얼마일지는 노동력이 거래되 기 전에 이미 결정되어 있어요.[9] 노동력의 가치는 다른 모든 상품들과 마찬가지로 '노동력이라는 상품을 생산하 는 데 드는 노동량'입니다. 노동자가 자기 생활을 유지하 기 위해서는, 다시 말해 여러분이 다음 날도 그다음 날도 계속해서 아르바이트를 하기 위해서는 매일 소모되는 몸 과 마음을 보충해야 해요. 이를 위해서는 여러분에게 영 양가 있는 음식과 편안하게 쉴 수 있는 집 등 생활 수단 이 필요한데요. 여러분이 받는 아르바이트비는 생활을 유지하는 데 필요한 생활 수단의 가치로 이미 계산되는 것이죠.

예를 들어 제과점에서 일하는 제빵사가 하루 동안 1 만 원어치의 밀가루와 재료들로 1,000원짜리 단팥빵 100 개를 만들었다면, 그는 노동으로 9만 원의 가치를 만들 어 낸 거예요. 그런데 그 사회는 하루 일하는 것에 6만 원만큼의 노동력 가치를 인정하고 있어요. 이 6만 원은 노동자가 다음 날 다시 일하러 나올 수 있는 생활을 위한 물품들로 측정된 것이고요. 그렇다면 9만 원에서 6만 원을 뺀 3만 원이 지불받지 못한 몫으로 남게 되죠.

이에 따라 '노동자가 노동을 통해 만들어 낸 가치(9만 원)'와 '노동력 제공에 대한 대가로 받은 임금(6만 원)' 사이에 차이가 생기게 돼요. 노동자가 생산하는 가치의 총량 중에 임금으로 받은 부분과 임금으로 받지 못

한 부분으로 구분되죠. 마르크스는 임금으로 받은 부분을 '필요 노동', 임금으로 받지 못한 부분을 '잉여 노동'이라고 부릅니다. 노동자가 만들어 낸 가치 중에서 필요 노동을 뺀 나머지 부분이 잉여 노동인 것이죠.

잉여 노동이 바로 잉여 가치로서 자본가의 이윤이 돼요. 자본가는 이렇게 생긴 이윤으로 원료, 노동력 등 생산 요소를 구입하여 다시 생산에 돌입합니다. 자본가가 이윤을 계속 늘린다는 건 잉여 가치를 크게 하는 걸 의미해요. 잉여 가치를 크게 하기 위해서 자본가는 노동자에게 돌아가는 몫을 낮추거나, 노동 시간을 늘리거나, 노동 강도를 높이는 방식을 써요.

산업 혁명 초기에 부르주아 자본가가 노동 시간을 무한대로 늘리려는 욕망에서 하루 16시간이 넘는 저임금 노동이 벌어졌어요. 너무 가혹한 노동 시간에 대한 노동자의 저항으로 점차 법으로 제한되어 줄어들게 되자, 한정된 시간에 강도 높은 노동을 기계와 결합하여 시키는 방식으로 잉여 가치를 크게 하려 했죠. 4장에서 그 당시의 모습을 더 자세히 살펴볼게요.

경제 교과서의
경제 문제를 새로 쓰기

2025년 2월 기준으로, 우리나라 전체 인구는 5,168만 명입니다. 그중에 만 15세 이상 경제 활동 인구가 2,925만 명이고, 취업자는 2,819만 명입니다. 현재 노동자가 아닌 사람들도 자세히 들여다보면 과거에 노동자였거나, 미래에 노동자가 될 미성년자이거나 구직자입니다. 또한 570만 명의 자영업자(비임금 근로자)는 노동자가 아닌 사업자로 분류되는데요. 하지만 이들 대다수는 자기 사업장에서 직접 노동하고 소득 수준도 임금 소득자와 비슷해서 자본가라고 보기엔 어렵죠.

임금 소득이 아닌, 자산만을 운용하여 풍족한 경제생활을 하는 자본가는 정말 극소수예요. 그래서 전 국민을 교육하는 경제 교과서는 노동에 대한 이야기, 노동자의 목소리를 더 적극적으로 다뤄야 해요. 경제 교과서는 자원의 희소성 때문에 사회적으로 얼마나, 어떻게, 누구를 위하여 생산할 것인지와 같은 기본적인 경제 문제가 발생한다고 봐요. '얼마나 생산할 것인가'는 생산물의 종류와 수량을 정하는 것이고, '어떻게 생산할 것인가'는 생산 방법을 정하는 것이며, '누구를 위하여 생산할 것인가'는 생산물을 누구에게 지급

할 것인가를 정하는 것으로 분배의 문제입니다. 그런데 이런 경제 문제는 기업가, 사장님, 경영자의 고민이에요. 노동자의 고민이 아니죠. 일하며 살아가는 대다수의 사람들이 고민하는 경제 문제는 이런 게 아닐까요? '난 뭐 먹고 살지?', '최저 시급은 왜 안 오르지.' 등의 생계 걱정, '돈 아껴서 무얼 사지?' 등의 한정된 소득에서의 지출 걱정.

경제 교과서의 기본적인 경제 문제 중 세 번째인 '누구를 위하여'도 다시 생각해 봐야 해요. 이는 생산에 기여한 몫을 분배하는 행위인데요. '~위하여'라는 말이 마치 기업이 생산에 참여한 주체들에게 혜택을 베푸는 듯 읽힐 수 있어요. 분배받는 주체인 노동자에게 기여에 따른 정당한 몫을 주는 걸로 보이고요.

그런데 자본주의 역사에서 노동자는 항상 최소한의 최후의 몫을 받았어요. 생산한 몫을 나눌 때 자본과 생산 수단을 가진 기업이 유리한 위치에 있기 때문이죠. 그리고 잉여 가치론을 다시 떠올려 볼까요? 생산 과정에서 증대된 가치 즉, 자본가의 이윤은 사실 노동자의 잉여 노동에서 비롯됩니다. 그런데도 노동자는 자신이 만들어 낸 노동 가치 중 일부만 임금으로 지불받는다는 사실이요. 따라서 경제 문제 중 분배는 '누구를 위하여'라기보다는, '누구에게 정당한 몫이 돌아가는가 혹은 돌아가지 못하는가?'라는 질문으로 대체되어야 하지 않을까요?

자본주의가
승리한 진짜 이유는
따로 있다?

경제 교과서

: 경제 체제는 둘 중 하나야

민주주의民主主義의 반대말은 뭘까요? 사회주의라고요?! 아닙니다. 민주주의는 그 사회를 구성하는 모든 '시민'이 '주인'이 되어 정치에 참여하는 체제입니다. 그렇다면 이 말의 반대말은 한 사람 또는 소수만이 주인 행세하며 통치하는 사회겠죠. 따라서 답은 한 사람이 최고 권력자가 되어 통치하는 왕정(독재) 혹은 소수의 귀족이 통치하는 귀족정(과두정)입니다.

그렇다면 사회주의의 반대말은 뭘까요? 바로 자본주의입니다. 정치 체제로서 민주주의와 독재가 서로 대비되고, 경제 체제로서 자본주의와 사회주의가 대비되는 것이죠.

정치 체제: 민주주의 ↔ 왕정(독재), 귀족정

경제 체제: 자본주의 ↔ 사회주의(공산주의)★

경제 체제란 '한 사회가 경제 문제를 해결하기 위한 제도나 방식'을 말해요. 교과서에 제시된 경제 체제로서 자본주의와 사회주의의 의미를 살펴보죠.

시장 경제 체제	개별 경제 주체가 자신의 이윤을 추구하고 자유로운 의사결정을 한다.
계획 경제 체제	중앙 정부의 계획과 명령, 통제에 따라 경제 문제를 해결한다.

시장 경제 체제, 즉 자본주의는 개인과 기업이 경제 활동의 중심이 되어 자신의 이익을 추구합니다. 경제 주체가 시장 가격에 따라 자유롭게 의사 결정을 함으로써 경제 문제를 해결하죠. 예를 들어 기업은 이윤을 얻기 위

★ 사회주의(Socialism)는 공산주의(Communism)와 혼용되기도 하고 각기 다른 뜻으로 쓰이기도 하지만, 이 책에서는 의미를 구분하지 않고 사회주의로 통칭합니다.

해 생산 비용을 줄일 방법을 찾고, 소비자의 욕구를 파악해 무엇을 얼마나, 어떻게 생산할지 결정해요. 반면에 계획 경제 체제, 즉 사회주의는 무엇을 얼마나, 어떻게 생산하고, 그 몫을 분배하는 것에 관해 중앙 정부가 계획을 세우고 명령하여 해결합니다. 예를 들어 주택이 부족하면 정부가 주택 단지 조성 계획을 세워서 실행하죠.

교실에서 학생들에게 민주주의의 반대말이 뭔지 질문하면 상당수가 사회주의라고 답해요. 왜 그럴까요? 한반도가 겪은 슬픈 역사가 학생들에게도 무의식에 담겨 있다는 걸 보여 줘요. 단군 할아버지 때부터 5,000년이 넘는 오랜 시간을 살아온 한반도 사람들. 그런데 70여 년 전 서로에게 총구를 겨누는 사건, 한국 전쟁을 겪었어요. 이 전쟁은 당시 전 세계를 둘로 갈라놓았던 자본주의 진영과 사회주의 진영이라는 이념 대결의 경계선이 하필이면 한반도를 가로지른 세계사적 비극이었어요.

또한 실제로 진행된 역사도 '자본주의 – 민주주의'를, '사회주의 – 독재'를 짝짓는 방향이었습니다. 소련의 스탈린 독재, 중국의 공산당 1당 체제, 북한의 3대 가족 세습 독재 등 사회주의 진영의 주요 국가들은 독재를 겪었죠. 반면 자본주의 진영의 상당수 국가들은 정치에서 민주화를 이뤄 냈고요.

　우리나라도 오랜 시간 권위주의 정부가 이어졌지만, 경제 성장과 함께 시민들은 자유와 평등에 대한 높은 의식을 지니게 됐고, 결국 독재 체제를 몰아냈어요. 학생들이 민주주의의 반대말이 사회주의라고 답하는 건 충분히 그럴 만한 이유가 있었던 겁니다.

자본주의가 역전승할 수 있었던 진짜 이유

자본주의와 사회주의는 19세기 초중반부터 20세기 말까지 150년 넘게 대결합니다. 특히 제2차 세계 대전이 끝나 갈 1940년대 말부터 두 진영은 본격적인 체제 경쟁에 들어가는데요. 전후 자본주의 진영은 미국과 영국, 서유럽, 북유럽, 일본, 남한 등이 있었고요. 사회주의 진영에는 소련(소비에트 연방), 동유럽, 쿠바, 중국, 북한 등이 있었어요. 각 진영은 경제 동맹을 맺어 회원국 간 무역을 늘리고 경제 개발을 지원했어요. 또한 각 진영은 경제뿐만 아니라 과학 기술 발전, 전쟁 무기 개발에도 힘썼는데요. 이는 최신 기술이나 무기는 자신의 체제가 상대보다 우월하다는 것을 입증하는 것이기도 했죠. 이 시기를 제

1, 2차 세계 대전에서와 같이 불을 내뿜는 총력전을 벌이
지 않았다는 의미에서 냉전Cold War이라 부릅니다. 물론 한
반도의 한국 전쟁1950~1953과 베트남 전쟁1960~1975 모두 두
체제의 경계 지역에서 참혹한 전쟁이 벌어졌던 걸 생각
하면, 우리로서는 이 체제 경쟁이 차가웠다는 게 잘 받아
들여지진 않습니다.

아무튼 우리는 이 대결의 승패를 알고 있어요. 바로
자본주의의 승리이자, 사회주의의 패배입니다. 초반엔
사회주의 국가가 우세했어요. 자본주의가 가져오는 불평
등을 해소하고자 평등이라는 가치를 내세우는 한편, 정
부가 세운 경제 개발 계획이 잘 이뤄지면서 사회주의 국
가의 경제 발전 속도가 빨랐어요. 사회주의 국가들은 생
산력을 높이고 경제 발전의 속도를 올리면, 그 힘으로 자
본주의를 넘어서는 혁명적 세상이 도래할 거라는 믿음을
가졌어요.

그리고 그 꿈이 실현되는 듯 과학 기술 발전에서도
사회주의 국가들이 앞섰죠. 1957년 인류 최초의 인공위
성 스푸트니크호를 쏘아 올린 국가가 소련이었다는 사실
이 이를 보여 주는 단적인 예입니다. 북한도 지금은 빈곤
국가로 전락했지만, 1970년대 초반까지 경제 규모가 남

한을 앞섰어요. 그러나 1970년 중반부터 전세가 역전됩니다. 사회주의 국가들의 계획 경제 정책들은 실패를 거듭해요. 결국 1990년대 초 사회주의 국가들이 붕괴합니다. 소련은 해체되어 러시아와 동유럽의 여러 국가가 독립하고요. 중국은 이미 그로부터 10여 년 전부터 자본주의 경제를 도입하는 개혁-개방 정책을 시행해 왔어요. 북한은 겉으로는 사회주의를 유지하고 있지만, 국제 사회에서 고립되고 궁핍한 경제에 이르게 되죠.

승패를 가른 결정적인 이유는 무엇이었을까요? 경제 교과서는 각 체제의 장단점을 제시하여 그 승패를 가른 이유를 가늠하게 합니다.

시장 경제 체제(자본주의)　　개인의 창의성이 발휘될 수 있고, 희소한 자원을 효율적으로 사용할 수 있다. 하지만 빈부 격차가 발생할 수 있으며, 지나치게 이익을 추구하는 과정에서 환경 오염이 심해질 수 있다.

계획 경제 체제(사회주의)　　국가가 채택한 주요 목적을 신속히 달성할 수 있지만, 노동자의 노동 의욕이 저하되고 개인의 창의적인 경제 활동이 제한된다는 단점이 있다.

　그런데 경제 체제의 장단점을 비교하는 것만으로는 자본주의가 승리한 진짜 이유를 알 수 없어요. 자본주의가 승리할 수 있었던 이유는 무엇일까요? 저는 케임브리지대학교의 세계적인 경제학자 장하준이 어느 강연에서 "변신을 잘했다."라고 한 말이 자본주의 승리를 잘 표현했다고 생각해요.

　그 변신은 다름 아닌 상대 체제의 장점을 흡수하는 방식이었습니다. 사회주의의 장점을 받아들이는 자본주의의 능력이, 자본주의의 장점을 받아들이는 사회주의의 능력에 비해 훨씬 뛰어났기에 자본주의가 승리할 수 있었던 거죠. 자본주의의 발전은 사회주의적 요소를 적극적으로 받아들이는 방향으로의 변화였어요. 자본주의는 노동자의 권리 보장과 소비 능력의 증대, 그리고 그 모든 과정에서 정부의 역할을 키우는 사회주의적 요소로 체제의 약점을 잘 메웠어요.

산업화가 가져온
노동 지옥

자본주의 경제 초기, 당시 경제학자들은 경제 활동에 대한 정부의 개입이 불필요하다고 봤어요. 국가는 방위와 치안을 유지하고, 개인의 자유로운 경제 활동을 보장하며, 때때로 그 자유를 침해하는 상황에 개입하는 최소한의 정부, 즉 '밤'에만 '경비'하는 야경국가의 역할만 수행했습니다. 이를 자유방임주의라고 하죠. 개인의 이윤 추구가 자연스럽게 사회 전체의 부를 크게 할 것이니, 경제 활동은 '보이지 않는 손'에 자유롭게 내버려두면 됩니다. 당시엔 분업이 활성화되어 생산력이 폭발적으로 늘어나고 시장이 급격히 확대되면서 생산, 소비, 분배의 원활한 순환이 물질적인 풍요를 가져왔어요.

그런데 자유방임주의에 의문을 품게 하는, 아니 사람들이 도저히 받아들일 수 없는 심각한 문제들이 발생해요. 그중에서도 사람들에게 가장 큰 고통을 준 건 바로 노동 문제였어요. 국가는 부유해지는데, 국민의 대다수인 노동자는 하루하루가 고달픕니다. 상품 가치의 원천은 노동이라는 노동 가치론과, 자본가의 이윤이자 자본이 노동자의 잉여 노동이었다는 잉여 가치론을 기억하죠? 생산력의 폭발에 힘입어 공장에서 쏟아져 나오는 상품은, 다른 말로 하면 노동자의 노동이 엄청나게 투여됐다는 걸 의미해요. 그 시기 노동 잔혹사의 한 단면을 볼까요?

1833년 영국에서 제정된 공장법에는 성인의 경우 13시간 30분 이상 일하지 못하게 제한했어요. 아동 노동은 8시간, 청소년 노동은 12시간으로 제한되었고요. 이걸 거꾸로 생각해 보면, 법 제정 이전까지 노동자들이 그보다 장시간의 노동에 시달렸다는 걸 의미해요. 노동자들은 한 주에 평균 80~100시간 중노동을 했습니다. 더구나 작업 환경은 환기도 안 되는 시커먼 먼지가 풀풀 날리는 방적 공장이나 칠흑같이 어두운 탄광의 좁은 갱도였으니, 어린 노동자들이 속절없이 폐병에 걸려 죽어 나갔어요. 당시 영국의 대공업 지역인 맨체스터의 노동자 계급 평균 수명이 17세, 리버풀은 15세였다고 해요.[10] 노동자들이 얼마나 처참한 노동 환경에 처해 있었는지 상상하기조차 힘듭니다.

더구나 점점 더 세분화되는 분업은 노동자의 소외를 가져와요. 소외란 사람이 자기 의식이나 의지를 잃어버리는 비인간적인 상태를 말하는데요. 노동자가 노동 과정과 그 생산물로부터 소외되는 과정을 영화「모던 타임즈」가 잘 담고 있어요. 공장 노동자인 주인공은 기계 앞에서의 단순 노동으로 몸이 기계처럼 뻣뻣해지거나, 반복해서 허공에 나사를 조이는 우스꽝스러운 행동을 합니다. 노동자는 자기 신체의 움직임과 속도를 기계에 맞추고 온정신을 집중하여 작업을 완수해야 하죠. 그렇게 생산된 물품은 노동자의 것이 아니라 공장 주인, 즉 자본가의 것이 되고요. 결국 노동자는 반복된 노동의 결과, 자기 몸과 정신을 온전히 다스리지 못하게 돼요.

유럽의 산업 혁명이 가져온 노동 지옥은 거기서 한 번 일어나고 사라진 사건이 아닙니다. 이후 현재까지 산업화를 진행하는 여러 나라에서 벌어졌던 일이죠. 후발 산업화 국가들에서 전에 없이 더 많은 사람이, 더 오랜 시간을, 아주 열악한 환경에서 일하게 되었어요.

노동자의 권리를
보장하는 방향으로!

노동자들은 자본가와의 노동 계약이 동등한 거래가 아니었다는 걸 점점 깨닫게 됩니다. 그래서 힘을 모아 노동 시간의 단축과 노동 조건의 개선을 요구했어요. 목소리를 모으는 노동자의 수가 늘어나면서 노동 운동이 거세졌죠. 영국 정부는 1799년 결사 금지법을 제정해 노동조합 설립을 막으려 했지만 결국 1824년에 노동조합이 합법화되었어요.

노동자들은 정치적 지위가 향상되어야 노동자의 권리를 보장받을 수 있다는 것을 깨닫고 참정권을 요구하는 차티스트 운동Chartist Movement을 벌이며, 하루 10시간 노동을 주장했어요. 결국 1847년에 하루 10시간 노동 법

"

안이 영국 의회에서 통과되었습니다. 공장법은 노동자들의 오랜 시간 투쟁의 결과 중 하나였던 것이죠.

19세기 중반부터 자본주의 체제를 넘어서려는 사회주의 혁명이 유럽 사회 여기저기서 벌어져 20세기 초반까지 계속 이어졌어요. 자본주의 국가들은 노동자에 대한 관점을 새롭게 해야 했어요. 열악한 환경에서 낮은 임금을 지급하는 행태가 자본가에게 단기적으로는 높은 이윤을 남길 수 있으나, 이것이 나중에는 노동자의 저항으로 되돌아와 사회의 유지와 발전을 위협할 수 있다는 걸 알게 되었거든요.

동시에 자본주의는 사회주의보다 더 나은 체제임을 증명하기 위해서라도 노동자의 권리를 보장하려고 했어요. 자본주의 국가들은 점차 노동 시간을 줄이고, 노동 조건을 향상하고, 나아가 노동자에게 참정권을 부여하고 실질 임금을 높입니다. 법정 최대 노동 시간은 하루 12시간, 10시간, 지금의 8시간까지 줄어들게 됩니다. 그 외에도 현재는 13세 이하 아동의 노동을 금지하고, 청소년의 노동 시간과 노동 조건을 성인보다 더 엄격하게 제한하는 변화에 이르게 된 것이죠.

헌법

제32조 ① 모든 국민은 근로의 권리를 가진다. 국가는 사회적·경제적 방법으로 근로자의 고용 증진과 적정 임금의 보장에 노력하여야 하며, 법률이 정하는 바에 의하여 최저 임금제를 시행하여야 한다.
제33조 ① 근로자는 근로 조건의 향상을 위하여 자주적인 단결권·단체 교섭권 및 단체 행동권을 가진다.

근로 기준법

제1조(목적) 이 법은 헌법에 따라 근로 조건의 기준을 정함으로써 근로자의 기본적 생활을 보장, 향상시키며 균형 있는 국민 경제의 발전을 꾀하는 것을 목적으로 한다.

현재 대부분의 국가에서 노동자의 권리를 최고법인 헌법에 명시하는 건 이러한 역사의 산물이에요. 우리나라는 헌법 제32조 ①항에 따라 국가가 노동자의 고용 증진과 적정 임금 보장에 힘쓰고, 최저 임금제를 시행해야 해요. 이를 구체화하는 근로 기준법, 최저 임금제 등의 법률이 제정되었어요.

헌법 제33조에는 '노동 삼권'이라는 단결권, 단체 교섭권, 단체 행동권을 보장한다고 명시합니다. 노동자는 노동 조건 향상을 위해 노동조합을 만들고(단결권), 회사와 협상할(단체 교섭권) 수 있어요. 그런데 노동자들이 하던 일을 내려놓을 수 있는 권리, 즉 단체 행동권은 조금 과한 권리라는 생각이 드나요?

IT 회사 노동조합의 파업으로 사람들이 평소 편리하게 자주 사용하는 스마트폰 앱이 먹통이 되거나, 지하철 공사나 버스 회사 노동자의 파업으로 애먼 시민들이 대중교통 이용에 심한 불편을 겪기도 하죠. 노동자들이 자신들의 노동 조건 향상을 요구하기 위해 생산 활동을 중단하여 회사와 경영진에게, 심지어는 시민들에게 큰 피해와 불편을 끼칠 수 있으니 단체 행동권은 매우 강한 권한입니다.

그렇다면 국가에서 파업이 포함된 노동 삼권을 헌법으로 보장하는 이유가 무엇일까요? 노동자는 사용자와 개별적으로 노동 계약을 맺는데요. 아무리 노동자에게 노동의 권리를 보장해 준다 하더라도, 노동자는 자신의 권리나 이익을 제대로 주장하기가 어려울 수 있어요. 자신을 고용하고 임금을 주는 회사에 부당함을 이야기하는 게 쉽지 않거든요.

산업 발전기와는 다르게 현재는 노동 문제가 심각하

지 않다고 생각할지도 모르겠어요. 지금의 대한민국에서도 여전히 연간 500명이 넘는 과로 사망자와[11] 2,000명이 넘는 산업 재해 사망자,[12] 1조 8천억 규모의 임금 체불,[13] 근로 기준법 미준수 신고 1만 6,000여 건[14] 등 법과 제도가 세밀히 살피지 못하는 영역에서 노동 문제가 벌어지고 있어요. 이런 일을 없애기 위해서는 노동자가 권리를 쟁취해 온 역사 위에서 자리 잡은 노동 인권과, 이를 보장하는 법과 제도를 알고, 현재도 벌어지는 우리 주변의 노동 문제에 관심을 가져야 하죠.

경제 위기를 해결하는 '보이는 손', 거시 경제학의 등장

자본주의가 사회주의와의 대결에서 위기를 맞기도 했지만, 더 큰 위기는 자본주의 경제 내부에서 일어났어요. 자본주의 국가들에서 주기적으로 경기 침체가 나타났던 것이죠. 이에 대해 당시의 경제학은 그리 심각하게 생각하지 않았어요. 경기가 좋을 때도 있고 나쁠 때도 있다는 겁니다. 생산된 상품이 때로는 생산되는 즉시 팔리기도 하고, 안 팔려서 창고에 쌓아 두기도 한다는 거죠. 상품이 예상치 못하게 많이 생산될 수도 있고, 많이 소비될 수도 있고요.

사실 경기 침체는 자본주의 경제 발전의 속성상 예견된 일이기도 합니다. 분업화에 따라 생산 영역과 소비 영역이 분리되고, 생산력이 발달하면서 사회 전체적으로 상품을 생산하는 양과 사람들이 소비하려는 양의 차이가 벌어질 수밖에 없게 되었죠. 커피의 인기가 높아지면서 우리 동네에 카페가 많아지다가, 어느 순간에 너무 많은 카페가 생겨서 폐업하는 곳이 생기는 경우가 이런 생산과 소비의 괴리를 단적으로 보여 줍니다. 그럼에도 당시의 경제학은 시간이 흐르면서 점차 수요와 공급이 조정되고, 가격이 변동되는 등 시장의 자율적인 기능이 작동해서 다시 경제가 살아날 것이라 생각했어요.

그런데 잠시 찾아오는 경기 침체라고 보기에는 아주 심각한 경제 위기가 찾아와요. 바로 '공황'입니다. 완전히 경제가 멈춰 버리는 사건이 벌어진 거예요. 시간이 얼마나 지나야 경제가 살아날지 가늠이 되지 않을 정도였죠. 당장 하루하루 먹고살기가 힘든 사람들이 넘쳐 나게 돼요. 역사적으로 가장 충격적인 사건은 자본주의를 이끄는 나라 미국에서 1929년에 터진 대공황The Great Depression입니다. 갑자기 상품이 팔리지 않아 창고에 쌓이고, 하루아침에 많은 기업이 도산하며 주가도 폭락합니다. 실업률은 25%까지 치솟아서 실업자가 1,500만 명에 이르렀어요.

폐업
I WANT a JOB

영국의 경제학자 존 메이너드 케인스John Maynard Keynes, 1883~1946는 불황기에도 시장의 자율에 맡기고 '보이지 않는 손'에 의한 자연스러운 회복을 기다리라는 당시 경제학자들의 주장에 대해 이렇게 반박했어요. "장기적으로 모두 죽는다."라고요. 경기 침체가 오래갈수록 고통받는 사람들이 많아지고 고통이 심해질 텐데, 두 손 놓고 시장의 자율적인 조정을 기대하면서 경기 회복을 마냥 기다릴 수 없다는 거였죠. 그는 시장의 '보이지 않는 손'에 맡기는 기존의 경제학을 비판하고, 경기 침체 시에 적극적으로 정부가 개입하는 정책을 제안합니다. 개인과 기업의 합리적 선택에만 집중하던 기존의 경제학인 미시 경제학과 구분되는, 국가 경제라는 한 사회를 전체적으로 보는 거시 경제학의 등장입니다.

케인스는 공급에 따르는 수요는 항상 있다는 기존 경제학의 믿음을 의심합니다. 그는 수요가 공급을 못 따라가는 상황을 공황이라고 봤고, 총공급보다 총수요가 경기 회복에 결정적인 변수라고 봤어요. 케인스는 소비와 투자가 위축되는 경기 침체 시에는 사람들의 손에 돈을 쥐게 하는, 그래서 사람들이 소비할 수 있는 능력, 즉 구매력을 갖게 하는 정책을 펴자고 주장합니다. 그의 영향을 받은 대표적인 정책이 미국 루스벨트 대통령이 시행한 뉴딜 정책이에요. 정부가 나서서 대규모 공사를 벌여 일자리를 창출하는 정책이죠.

1933년 취임한 미국의 프랭클린 루스벨트 대통령은 뉴딜 정책으로 경제 살리기에 나섰다. (…) 미국 정부는 테네시강 유역에서 댐과 발전소를 건설하는 대규모 공사를 벌여 직업이 없는 청년을 모아 나무를 심고, 하천 수질 개선 활동 등을 시킨 뒤 30달러 정도의 월급을 지급하였다. 10년간 이곳을 거쳐 간 사람이 200만 명에 달하였다. 정부의 대규모 지출로 새로운 일자리가 창출되었고 이들이 총수요의 증가 요인이 되면서 미국은 경기 침체에서 벗어나게 되었다.

미국 정부는 대규모 토목 공사를 주도하면서 10년간 200만 명이 넘는 사람들을 고용하여 일을 하게 하고 이들에게 임금을 지급합니다. 소득이 생긴 사람들이 구매력을 갖게 되고, 이들이 소비하면서 총수요가 증가하여 경제가 회복할 수 있게 되는 거죠.

자본주의 경제의 꾸준한 성장의 열쇠, 소비 능력

공황의 징후는 현재에도 감지돼요. 인류의 생산력은 더 폭발적으로 증대해서 상품들은 넘쳐나는데, 그만큼의 소비가 따르지 않을 위험은 여전하기 때문이죠. 기업은 팔리지 않은 상품들을 창고에 재고로 쌓아 두거나, 심지어 멀쩡한 상품을 폐기하기도 해요. 유통 기한이 임박한 과자나 과일은 할인 행사나 1+1, 묶음 상품으로 나오죠.

자본주의 경제는 과잉 생산이라는 문제를 겪으며 소비가 생산만큼이나 경제 순환과 성장에 중요한 영역이라는 것을 깨닫게 돼요. 아무리 상품을 잘 만들어도 사람들에게 팔리지 않으면 경제가 멈춘다는 걸 알게 되었죠. 이후 자본주의에서 어떻게 사람들의 소비를 늘릴지가 경제 문제의 핵심이 됩니다.

그 시작은 제2차 세계 대전 이후 본격적으로 진행된 포드주의Fordism예요. 포드주의는 좁게는 미국 포드사의 자동차 공장에 설치한 컨베이어 벨트로 대량 생산하는 방식을 말하지만, 넓게는 대량 생산-대량 소비 사회를 의미합니다. 포드사의 경영 전략에 따라 포드 공장의 노동자는 당시에 상대적으로 높은 임금을 받았고, 이들은 퇴근 후에 높은 구매력을 가진 소비자가 되었어요. 마침 1960년대 이후 기업은 세탁기, 자동차 등 유용하고 편리한 상품을 개발하였고, TV나 신문, 라디오 등 대중 매체를 통한 광고로 소비 욕망을 자극했습니다.

사람들이 일에서 해방되어 스트레스를 해소하는 시간이었던 여가는 대량 생산-대량 소비 사회에서 점점 휴식으로의 성격을 잃어버리게 되었어요. 여가는 이제 적극적으로 소비하는 시간이 되어 버렸죠. 눈에 보이는 재화뿐만 아니라, 재미있고 편리하며 꾸미고 즐기는 서비스까지, 일상의 세세한 영역들이 모두 상품으로 제공됩니다.

현대 사회는 소비 사회로 특징지을 수 있어요. 여러분은 소비 없는 하루를 상상하기 힘들 거예요. 더구나 사람들은 가만히 앉아서도 손바닥 안에서 소비를 할 수 있게 됐어요. 바로 스마트폰 덕분이죠. 스마트폰으로 우리는 드라마나 영화를 보고, 음악을 듣거나 SNS를 하며 웹 쇼핑을 합니다. 웹에 수시로 뜨는 알고리즘 광고를 훑어보면서, 해외 직구(직접 구매)를 하고, 인터넷 뱅킹을 해요. 연예인이 입은 옷이나 인플루언서가 마시는 음료를 보고, 온라인 마켓의 장바구니에 그 상품을 담아요. "나는 소비한다. 고로 존재한다." 현대인들은 모두 '호모 컨슈머리쿠스Homo Consumericus, 소비하는 인간'가 되어 가고 있는 것이죠. 매일매일의 소비가 우리의 자발적인 선택과 판단일 수 있지만, 자본주의 경제가 살아남기 위해 펼친 전략이 성공했다고 볼 수도 있겠네요.

정부의 역할이 거듭 확장되다

정부의 역할은 현대 사회로 올수록 더욱 커집니다. 국방, 치안을 제공하고, 시장에서 공정한 경쟁의 장을 마련하는 등 야경국가로서 해 온 기본적인 역할 위에, 정부는 현대 사회에서 더 적극적인 일들을 벌이죠.

경기 침체기에는 경기를 활성화하려고 하고, 경기가 과열되었을 때는 진정시키기 위해 노력합니다. 정부는 물가 안정과 고용 증대라는 경제 안정화 정책을 펼치고, 노동자의 권리를 보장하는 법령을 정비하며, 최저 임금, 사회 보장 등 소득 재분배 정책을 펼쳐요. 자유방임주의가 가져온 빈부 격차, 경기 변동, 불공정하거나 비효율적인 시장의 형성, 환경 오염 등의 문제를 해결하기 위해 정부가 시장에 개입하는 수정 자본주의가 떠오르게 된 것이죠. 이렇게 자본주의 국가에서 정부의 적극적 역할이 점점 커지는 건 계획 경제의 모습이며, 다시 말해서 사회주의의 특징이죠. 경제 교과서도 두 체제를 비교한 후 마지막에 혼합 경제 체제를 소개해요.

현재 대부분의 국가는 시장 경제 체제를 기반으로 하여 계획 경제 체제의 요소가 일부 혼합되어 있는 혼합 경제 체제를 택하고 있다.

자본주의 국가 중에서 사회주의적 요소를 적극 반영한 곳이 북유럽 복지 국가(덴마크, 스웨덴, 노르웨이, 핀란드)입니다. 이들 국가는 높은 세금으로 재정을 마련하여 광범위한 복지 제도를 운영하고 있죠. 또한 독일은 대학까지 교육받고자 하는 모든 국내외 학생에게 무상 교육을 제공하거나, 영국은 '요람에서 무덤까지'라는 구호 아래 보편적인 의료 복지를 펼쳐요. 한편 싱가포르와 중국은 토지 국유화를 시행하는 등 자본주의 국가 내의 사회주의적인 정책과 제도는 다양하고 많습니다.

우리나라도 마찬가지예요. 우리나라는 개인과 기업의 경제상 자유와 창의를 존중함을 기본으로 합니다(헌법 119조 ①). 그와 동시에 우리나라는 국민의 적정한 소득을 보장하고, 경제 주체 간의 민주적인 조화를 꾀하죠(헌법 119조 ②).

예를 들어 누구나 적은 부담으로 병원에 다닐 수 있는 의료 보험 제도가 있어요. 코로나 19와 같은 위기 상황에 정부가 재난 지원금을 지급했고요. 특수한 상황이나 특별한 정책이 아니어도 정부는 경제 상황에 깊숙이 개입합니다. 한국은행은 매년 기준 금리를 정하고, 통화량을 조절하며, 물가를 관리해요. 주가가 급격히 변동하면 금융 감독원이 금융 시장에 개입하기도 하고요. 경제 관련 부처에서 국민의 소비 수준과 동향도 파악하고, 복지부에서는 실업과 불평등에도 신경 쓰죠.

세상 어느 자본주의 국가도 100% 자본주의 초기의 자유방임주의 방식으로만 돌아가지 않아요. 자본주의 국가들마다 사회주의적 요소들을 얼마나 받아들이는지 정도의 차이가 있는 것이죠. 사회주의 국가가 몰락했다고 해서 사회주의의 장점과 정책이 사라진 게 아니었어요. 자본주의 안에 사회주의가 있습니다.

경제 위기에 드리운 전쟁이라는 먹구름

미국 대공황을 극복하는 데 루스벨트 대통령의 뉴딜 정책이 결정적인 요인이라고 알려져 있는데요. 사실 케인스의 거시 경제론도, 루스벨트 대통령의 뉴딜 정책도 대공황을 완전히 해결하진 못합니다. 대공황 여파는 제2차 세계 대전을 거치면서 해소되었어요. 그렇다면 공황과 전쟁은 어떤 관련이 있을까요?

제2차 세계 대전은 3,000만 명 이상의 사상자를 낸 인류 최악의 전쟁이었습니다. 전쟁의 참혹함에 슬프기도 하고, 전쟁 영웅의 이야기를 들으면 숭고한 마음이 가득해지기도 하는데요. 경제의 측면에서 보면 제2차 세계 대전은 대공황을 극적으로 해소하는 사건이었습니다. 전쟁에 무기와 식량을 쏟아붓고, 다시 생산하고, 동원하는 과정을 반복하면서 과잉 생산된 물품은 금세 소진돼요. 더 많은 사람이 전쟁터로, 무기 공장으로 향합니다. 전후에도 무너진 건물, 도로 등의 시설을 복구하는 과정이 곧 생산 활동이기도 하죠. 전쟁은 경제 순환의 속도를 극적으로 높이는 과정이었던 것입니다.

지금도 세계 곳곳에선 내전, 테러, 전투, 전쟁이 벌어지고 있는데요. 제2차 세계 대전 때와 마찬가지로 자본주의 경제의 경기 침체

를 해소하는 가장 폭력적인 방식은 아닌가 의심을 하게 돼요. 겉으로 볼 때 전쟁 지역의 역사, 민족, 문화, 종교 등이 복잡하게 얽혀 있지만, 좀 더 자세히 들여다보면 경제 문제가 자리 잡고 있는 경우가 많아요. 이스라엘-팔레스타인을 둘러싼 중동 지역의 석유나, 우크라이나-러시아 간 천연가스와 같이, 자원과 경제적인 이권을 둘러싼 갈등이 보입니다.

나아가 전쟁을 치르며 소모하는 군수 물자들을 대고 병력을 지원하는 등의 주변 국가들의 관여가 이뤄지는데요. 자국에 쌓인 군수 물품과 무기를 팔아서 침체된 군수 산업 활성화를 가져오려 하죠. 그래서 세계와 각국의 경제가 침체될수록 전쟁이 우리에게 더 가까이 다가온 건 아닌가 하는 공포도 생깁니다. 전쟁이 단지 집단 간 갈등 양상이 아니라, 자본주의 경제에서 비롯되는 건 아닌지, 경제적 이해관계로 소중한 목숨이 전쟁터에서 희생되는 건 아닌지 곰곰이 생각해 보면 좋겠어요.

부자 나라에
산다고 해서
꼭 행복한 건 아니라고?

경제 교과서
: 어떤 나라가 잘사는지 쉽게 비교할 수 있어

세계에서 가장 부자 나라는 어디일까요? 이 질문을 하면 학생들은 "미국이요!"라고 바로 말합니다. 뉴욕 맨해튼의 고층 빌딩, LA 베벌리힐스의 저택, 시카고 도심 외곽으로 뻗은 고속도로를 질주하는 고급 차들이 떠올라, 선생님도 미국이 가장 부자 나라라고 답하죠. 한편으로는 어두침침한 뉴욕 지하철 계단의 노숙인, 대학 캠퍼스 등 공공장소에서 끊이지 않고 벌어지는 총기 난사 사건, 필라델피아의 마약 거리 등 가끔 뉴스로 접하는 미국 사회의 또 다른 장면에 의아해하면서도 말이죠.

어느 나라가 더 부자인가를 어떻게 알 수 있을까요? 경제 교과서는 그 나라가 얼마나 잘사는지에 대해서도 역시 숫자로 명료하게 보여 줄 수 있다고 해요. 바로 한 나라의 경제 규모를 가늠할 수 있는 국내 총생산GDP(Gross Domestic Product)입니다. 미국은 29조 1,677억 달러(2024년 기준)로 압도적인 국내 총생산 1위 국가예요. 국내 총생산 12위인 한국(1조 8,699억 달러)의 15배나 되는 경제 규모예요.

<table>
<tr><td>국내 총생산</td><td>한 나라의 영역 내에서 가계, 기업, 정부 등 모든 경제 주체가 일정 기간에 생산한 재화 및 서비스의 부가 가치를 시장 가격으로 평가하여 합산한 것</td></tr>
<tr><td>1인당 국내 총생산</td><td>국내 총생산을 그 나라의 인구수로 나눈 값</td></tr>
<tr><td>경제 성장</td><td>국민 경제의 총체적인 생산 수준이 지속해서 높아지는 것</td></tr>
</table>

국내 총생산은 그 나라에서 생산한 가치를 모두 합한 것입니다. 국내 총생산이 크다는 건 그 나라의 생산에 참여하는 사람들이 많고 생산 규모도 크다는 걸 의미해요. 따라서 국민의 소득도 증가하고 이에 따라 더 많은 상품을 소비할 수 있다는 것을 뜻하기도 하죠. 이렇게 국내 총생산이 커지는 것이 경제 성장입니다. 경제가 성장할수록 사람들은 물질적으로 더 풍요로워져요. 이 때문에 국내 총생산을 크게 하는 것이 국가 발전의 가장 중요한 목표가 되어 왔어요.

경제 성장으로 쌓은 국가와 사회의 부는 다양한 곳에 쓰여요. 예를 들어 국민에게 평생 교육과 무상 의료 등 보편적인 복지를 제공하거나, 다양한 문화생활을 할 수 있는 시설을 마련하고 지역마다 편리한 교통이나 휴식 시설을 갖출 수 있죠. 국내 총생산이 큰 국가에 산다는 건 단지 소득이 높고 소비를 많이 하는 것에 그치는 게 아니라, 구성원 각자의 삶의 질이 높아지고 행복한 삶을 살 수 있는 여건이 마련되는 것이에요.

그런데 국내 총생산이 큰 국가의 국민 모두가 삶의 질이 높거나 행복한 건 아니에요. 국내 총생산은 한 국가의 경제 규모를 나타내는 유용한 지표이기는 하지만, 사람들의 실생활이나 삶의 질, 행복 등을 보여 주지 못합니다. 왜 그럴까요?

우선 국내 총생산을 산출하는 방식에 한계가 있어요. 가사 노동, 여가, 타인과의 관계 등은 우리 일상에서 아주 중요한 가치를 갖지만, 시장에서 거래되지 않기 때문에 국내 총생산에 포함되지 않아요. 반면에 교통사고나 자연재해 등이 발생하면 인명과 재산상의 피해가 크지만, 치료와 복구를 위한 경제 활동이 오히려 국내 총생산에 포함되죠. 사람들을 행복하게 하는 건 국내 총생산에 포함되지 않고, 사람들을 불행하게 하는 건 포함된다니, 놀랍지 않나요?

또 경제 성장의 혜택이 일부 계층에 편중되는 문제
가 있어요. 그렇게 되면 빈부 격차가 커져 낮은 계층에
속한 사람들의 박탈감이 크죠. 계층 간 갈등도 빈번해질
테고요. 무엇보다도 인간의 정서적인 안정과 행복은 물
질적인 풍요로 완전히 채워질 수 있는 게 아니에요. 오히
려 물질적인 것만 좇다 보면, 이전까지 행복하게 느끼게
했던 주변 사람과의 건강한 관계, 여유로운 일과 등 소중
한 것들을 잃어버리기까지 하죠.

일찍이 경제학자들도 GDP의 한계를 말해 왔고,
GDP를 보완하거나 대체하려는 의도로 국민 행복 지수, 인
간 개발 지수 등과 같은 지표들을 개발했습니다. 경제 교
과서에서는 이러한 지표들을 추가 읽기 자료로 소개해요.

국민 행복 지수 심리적 안정, 건강, 시간 사용, 행정 체계, 문화
다양성, 교육, 공동체 활력, 환경, 생활 수준 등 33개 지표를 통해 측정

인간 개발 지수 국제 연합 개발 계획(UNDP)이 매년 각국의 교육
수준과 국민 소득, 평균 수명 등을 조사해 인간 개발 성취 정도를 평가
하는 지수

　이 지표들은 경제 규모뿐만 아니라 평등, 다양성, 건강, 교육, 환경 등의 기준을 넣어 국민 삶의 질을 높이는 요인들에 관심을 가져요. 결국 현대 국가는 국내 총생산을 크게 하는 노력과 함께 이렇게 늘어난 부를 바탕으로 국민 삶의 질을 높이는 제도와 문화를 만들어, 궁극적으로 국민이 실제로 행복하다 느끼는 사회를 만들려고 하는 것이죠.

국내 총생산의 빛과 그림자가 뚜렷한 한국

우리나라만큼 국내 총생산의 의미와 한계가 뚜렷하게 드러나는 나라도 없어요. 한국은 경제 성장의 빛이 아주 밝으면서도 그 아래 드리운 그림자도 짙은 곳이에요. 한국 사람들은 물질적으로 아주 풍요롭게 살지만, 삶의 질이 높지 않거나 행복하지 않다고 느끼는 사람들도 많습니다. 어떻게 이런 일이 나타날 수 있을까요?

우리가 얼마나 풍요롭게 살고 있는지부터 살펴보죠. 선생님은 학생들에게 농담 반 진담 반으로 이런 말을 해요. "여러분, 로또 당첨된 거 축하해요! 우리가 지금 한국에 사는 것만으로도 최고 부자로 사는 거예요." 다른 나라 사람들도 우리와 비슷한 경제 수준으로 살 거라고 막연히 생각할 수 있을 텐데요. 세계 200여 개 국가 중 국내 총생산 12위인 한국에 사는 건, 세계에서 상위 7%의 부자로 사는 거예요. 한국의 1인당 GDP는 약 3만 6,000 달러(2024년 기준)인데, 평균적인 한국인 1명이 연간 4,000만 원 넘는 소득을 얻는다는 걸 의미해요. 하루에 10만 원을 넘게 버는 것이며, 이는 하루 평균 10만 원을 소비할 수 있다는 걸 뜻하기도 해요. 반면 10만 원의 채 3%도 안 되는 2달러(약 3,000원) 이하의 돈으로 사는 절대 빈곤 세계 인구는 7억 명이 넘습니다. 한국이 얼마나 큰 격차로 부자로 사는지 감이 오나요?

집에는 온갖 가구와 가전제품, 운동 기구와 계절별 옷들로 가득해요. 밖으로 나가면 깨끗한 도로와 공원, 밤에도 환하게 빛나는 간판이 이어지죠. 고급 제품을 파는 백화점부터 저렴하게 대량으로 파는 마트에, 곳곳에 24시간 편의점까지. 우리는 계속해서 가구와 전자 제품을 새것으로 바꾸고, 쾌적하고 화려한 것들로 채우죠. 한국에 여행 온 다른 나라 사람들은, 심지어 더 부자 나라에서 온 사람들도 한국의 쾌적하고 화려한 생활과 넘쳐나는 상품에 무척 놀랍니다.

그런데 진정 더 놀라운 사실은 정작 한국인들은 자

기 삶의 질이 높다거나 행복하다고 느끼는 사람이 적다는 거예요. 여러분은 어때요? 스스로가 행복한 삶을 살고 있다고 생각하나요? 주변의 가족이나 친구들은 행복해 보이나요? 선생님은 여러분의 행복을 무척 바라지만, 안타깝게도 현재 우리나라 사람들 다수는 행복하지 못하다고 느끼고 있어요. 한국의 빛나는 경제 성장 아래 짙게 깔린 그림자를 들여다보죠. 한국인이 행복하지 않다는 건 여러 통계에서 명확히 드러나는데요. 우리나라를 포함해 경제 선진국 38개국이 가입한 경제 협력 개발 기구 OECD 조사에서, 한국은 삶의 만족도와 행복 지수 모두 최하위인 35위(2022년 기준)로 나타났어요.[15]

한국인의 힘든 마음을 가장 극명하게 보여 주는 것은 자살률입니다. 현재 한국은 인구 10만 명당 24.1명의 자살률로 세계 1위예요. 그것도 OECD 국가 평균(10.7명)보다 2배 이상으로, 압도적으로 높아요. 자살에 이를 가능성을 높이는 우울증을 앓고 있는 사람들 수는 100만 명이 넘는다고도 하고요. 자살은 개인의 선택으로 보이지만 지극히 사회적인 현상입니다. 사회학자들이 자살을 '사회적 타살'이라고까지 말하는 이유죠. 현대 사회학의 창시자인 프랑스의 에밀 뒤르켐Émile Durkheim, 1858~1917이 연구한 주제도 자살이었어요. 그는 19세기 급변하는 프랑스 사회에서 통합과 유대의 붕괴, 도덕의 부재, 빈부 격차와 경제 위기 등이 개인을 자살에 이르게 한다고 분석했습니다.

한국인들이 안전하고 행복하게 살지 못한다는 증거는 자살률뿐만이 아닙니다. 한국은 현재 전 세계 어디에도 비교할 수 없을 정도로 낮은 출산율을 보이고 있어요. 합계 출산율 0.77명(2024년 기준)이라는 수치는 인구 감소를 넘어 국가 소멸의 위기를 앞당기는 12위 경제 대국 한국의 어두운 모습입니다. 한국 사회가 왜 개인을 자살로 몰아가고 있는 것인지, 왜 가정을 이루고 자녀를 낳는 걸 단념하는지, 안전하고 행복한 삶을 멀게만 느끼는지 철저히 돌아봐야 하지 않을까요?

한국 사람들은 평범하게 살아가는 걸 왜 이렇게 벅차 할까요? 2024년 초 미국의 한 여행 작가가 한국을 '세계에서 가장 우울한 나라'라고 하면서, 한국에서 나타나는 풍요의 역설을 두 가지로 말했습니다. 그는 지나친 경쟁과 물질 만능주의가 한국 사람들을 불행하게 만들고 있다고 봤어요. 행복의 기준에 대한 각국의 설문에서 자본주의 경제를 이끄는 미국인들조차도 '건강'과 '타인과 좋은 관계'를 우선으로 꼽았는데, 한국인들은 삶의 다른 어떤 가치보다도 '경제적 풍요'가 가장 우선이라고 응답했다고 해요.

사람들이 물질적인 욕망에만 빠지게 된 건 국가가 주도한 경제 발전 계획이 성공하면서 동시에 딸려 오는 문제였습니다. 다른 나라는 200년이 걸려도 이뤄 내기 어려운 경제 성장을 우리나라는 단 40년 만에 성공했어요. '한강의 기적'이라고 전 세계에서 칭찬을 받았죠. 그러나 경제 성장의 기적 뒤에는 짙은 어둠이 있는데요. 유럽의 산업 혁명기에 벌어진 노동 잔혹사가 1960~1970년대 한국에서 그대로 재현됩니다.

경제 교과서에서도 한국이 "국가 주도로 값싼 노동력을 활용한 노동 집약적인 경공업에 집중하였고 가발, 신발 등 생산물을 해외에 낮은 가격에 수출하는 정책"으로 성공했다고 소개하는데요. '노동 집약적'이라는 말은 다른 게 아니라, 한국 사람들이 저임금을 받고 오랜 시간 높은 강도의 노동을 했다는 의미입니다.

잘 살아 보겠다는 희망으로, 한국 사람들은 참 열심히 일했어요. 장시간에 이루어지는 강도 높은 노동은 한국인 특유의 삶의 방식으로 자리 잡았죠. 지금도 한국은 경제 선진국 중에서 가장 오래 일하고, 여가 시간이 적고, 잠을 덜 자는 사회예요.[16] 한국인의 연간 노동 시간은 2021년 기준 1,915시간으로, OECD 평균(1,716시간)보다 199시간 길고, 독일(1,349시간)보다는 연간 566시간이나 더 길어요.[17] 1년에 한국 사람이 독일 사람보다 2달을 넘게 더 일하는 것과 같다고 해요. 다른 소소한 행복을 누릴 겨를도 없이 경제 성장만, 물질적인 풍요만을 보고 달려온 한국은 돈이 최우선이며 유일한 가치인 사회가 되어, 이제 역으로 사람들의 마음을 괴롭힙니다. 우리는 더 많은 소득을 향해 달리면서 삶에서 소중한 것들을 놓치고 있어요.

부자 나라에 살아도
나는 가난할 수 있다

계속된 경제 성장은 자본주의 경제의 정상 상태로 가정 돼요. 경제 성장이 잠시 멈추거나 후퇴하는 건 있을 수 없는 일이에요. 마치 이륙하는 비행기에 비유할 수 있는데요. 비행기는 엔진을 멈춤 없이 돌리면서 계속 위로 올라야 합니다. 둥둥 떠 있는 건 자본주의 경제에서 있을 수 없는 일이에요.

그러나 경제 성장만 외치는 사회에서는 사람들의 행복과 삶의 질을 이야기하기 힘들어요. 국가와 사회의 목표가 경제 성장에만 집중했던 것을 돌아봐야 할 때입니다. 경제 성장도 중요하지만, 경제 성장에 가려 주목하지 않았던 다른 주제들에 관심을 가져야 하죠. 불평등, 물가, 실업 등은 어찌 보면 경제 성장보다 사람들의 삶에 더 큰 영향을 미칠 수 있어요.

불평등 문제부터 살펴볼까요? 아무리 나라의 부가 크다고 해도, 그걸 일부 사람들만 누린다면 좋은 사회라고 보긴 어려워요. 얼마나 많은 사람들이 고루 그 부를 누리느냐도 중요합니다. 경제가 성장한다 해도 불평등이 심해지면 그 사회에서 대다수는 경제적으로 어려운 상황에 놓이게 될 수 있기 때문이죠.

그런데 경제 교과서는 불평등을 거의 다루지 않아요. 이것은 경제 교과서가 불평등을 경제 성장 과정에서 나타나는 부차적인 문제로 보거나 혹은 여기에 전혀 관심을 두지 않는다는 걸 보여 줍니다. 경제 교과서가 우리 사회에 만연한 수많은 불평등을 외면하는 것이죠.

불평등이 심한 사회는 개인의 경제적 여건이 그 사람의 삶의 기회에 미치는 영향이 아주 큽니다. 지금 우리나라의 모습을 살펴보면, 사람들 간 경제적인 격차가 다른 영역에서의 기회, 성취, 사회적 인정과 지위의 차이를 가져오고, 그 차이가 다시 경제적 차이를 벌려 놓는 악순환이 계속됩니다. 이에 따라 우리 사회는 나이, 성별, 학력(학벌), 지역 등 모든 영역에서 불평등이 심해지고 있어요.

선생님은 학교에서 생활하다 보니, 특히 교육 불평등에 관심을 기울일 수밖에 없는데요. 입시 경쟁이 치열하고 학벌 사회인 우리나라에서 경제적 배경 차이로 생기는 교육 격차, 입시 결과의 격차, 이에 따른 직업 선택의 차이와 소득의 격차, 결국엔 다시 경제적인 격차로 이어지는 악순환이 심각하죠.

학력 경쟁과 스펙 쌓기가 가족의 경제적 배경 없이는 힘든 제도(구조) 아래에서, 빈곤층 청소년들은 끊임없는 실패를 경험해요.[18] 대입 수능과 같이 한날한시에 동일한 시험 문제를 푼다고 공정한 게 아니에요. 경제적 조건에 따라 입시를 위한 투자와 입시 전략, 시간 배분, 성적 관리, 경험할 수 있는 교육의 범위 등의 출발선부터가 달라요. 이런 불평등한 사회 구조는 말하지 않고, 형식적인 공정성만 제공하고 그것을 경쟁해서 얻어 내는 개인의 성취만 바라는 걸 능력주의 사회라고 합니다. 불평등이 심한 사회일수록 오히려 능력주의가 팽배해져요. 그리고 능력주의가 만연해질수록 불평등은 오롯이 개인의 노력에 대한 대가라는 잘못된 생각이 퍼지게 되죠. 빈곤에 처한 사람들에 대해 "노력을 안 해서 그렇지."라는 차가운 시선을 가진 사람들이 많아집니다.

경제 교과서에서 경제 성장 바로 뒤에 다루는 주제인 물가 상승과 실업에 대해서도 다른 접근이 필요해요. 물가와 실업은 우리의 일상에 더 큰 영향을 미치기도 하고 불평등과 연결되기도 해서 아주 깊게 다가가야 하는 주제입니다. 그런데 교과서에는 물가와 실업도 불평등과 마찬가지로 경제 성장 과정의 부차적인 문제로 다루죠. 경제 교과서는 물가와 실업으로 고통받는 사람 옆에서서 공감하는 게 아니라, 국가 관료, 정책 결정자로서만 이 주제를 바라보고 있어요. 경제 교과서가 물가와 실업을 어떻게 다루고 있는지 살펴보고, 이 주제에서 우리가 꼭 생각해 보아야 할 이야기를 나눠 볼까요?

물가 상승으로 불리해지는 사람들이 물가 상승의 책임까지 진다

물가	시장에서 거래되는 상품들의 가격을 종합하여 평균한 가격 수준
인플레이션	물가가 지속해서 상승하는 현상
수요 견인 인플레이션	총수요 곡선 오른쪽 이동
비용 인상 인플레이션	총공급 곡선 왼쪽 이동

경제 교과서는 물가의 의미와 물가 상승(인플레이션)의 요인들을 제시해요. 2장에서 수요와 공급의 법칙, 그리고 이 법칙의 한계를 이야기했던 거 기억하죠? 여기서도 수

요와 공급의 법칙이 물가에 어떻게 적용되는지 보고, 역시 그 한계도 살펴보기로 하죠.

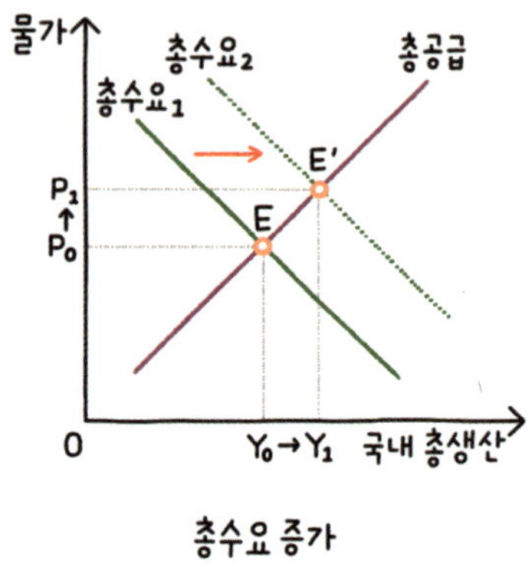

수요와 공급의 법칙이 한 상품의 가격(세로축)과 수량(가로축)의 평면 위에 그려졌다면, 그 사회의 전체 수요(총수요)와 전체 공급(총공급)도 평면 위에 그려 낼 수 있어요. 세로축은 그 사회 모든 상품의 평균적인 가격인 물가, 가로축은 그 사회의 모든 상품에 대한 수요량 혹은 공급량이 되죠. 수요-공급 곡선과 같은 원리로 총수요 곡선은 우하향, 총공급 곡선은 우상향하며, 총수요 곡선과 총공급 곡선이 만나는 지점에서 그 사회의 물가 수준과 총거래량이 결정되죠. 물가 상승의 요인도 그래프 위에서 쉽게 그려 낼 수 있어요. 총수요-총공급 곡

134

선에서 총수요 곡선이 오른쪽으로 이동하거나, 총공급 곡선이 왼쪽으로 이동하면 기존보다 높은 지점에서 총수요-총공급 곡선이 만나게 되죠.

이에 따라 정해진 봉급이나 연금으로 생활하는 사람들, 은행에 예금을 한 사람들은 불리해진다. 반면 상대적으로 건물이나 토지 등과 같은 실물 자산의 가치가 높아지므로, 실물 자산을 보유한 사람들은 유리해진다.

물가 상승으로 유리해지는 사람과 불리해지는 사람이 생기는데요. 물가가 오르면 가진 돈으로 살 수 있는 상품 수가 줄어드는 것이고, 이는 단위 화폐의 가치가 이전보다 떨어졌다는 걸 의미해요. 따라서 화폐 자산이 아닌 건물(부동산), 토지 등 다른 유형의 자산을 가진 사람이 유리해지며, 임금이나 연금 등 정해진 액수의 화폐 소득을 얻는 사람은 불리해져요.

그런데 물가 상승에 따른 유불리의 차이는 곧 불평등이 심해지는 것을 의미합니다. 생각해 보세요. 부동산이나 토지 등 실물 자산을 소유하여 물가 상승에 따라 유리해지는 사람이 얼마나 될까요? 이런 사람들은 충분한 화폐 자산을 가진 일부 상류층의 사람들입니다. 반면에 임금으로 받은 화폐가 자산의 전부인 사람들이 다수예요. 다른 말로 하면, 매년 물가 상승만큼은 임금이 올라야 불평등이 줄어들진 않아도 적어도 심해지지 않는다는 거예요. 이런 점에서 물가 상승의 추세에 맞춰서 노동자의 임금 상승 요구는 당연한 요구입니다.

급속한 물가 상승은 국민 경제에 여러 가지 부작용을 가져오므로 물가를 안정시키려는 노력이 필요하다. 가계는 과소비를 자제하고 (…) 근로자는 과도한 임금 인상 요구를 자제해야 하며 (…) 기업은 생산비 감소를 위한 기술 혁신을 하고, 정부는 기업의 세금 감면 등과 같은 정책을 사용한다.

이어서 조금 황당한 논리가 경제 교과서에 나오는데요. 물가 상승에 대한 책임을 되려 개인, 즉 대다수의 임금 노동자에게 지웁니다. 경제 교과서는 물가 상승의 원인에 따른 두 가지 물가 안정 정책을 위와 같이 말하죠.

수요 견인 인플레이션에 대한 대책으로 '가계 과소비 억제', 비용 인상 인플레이션에 대한 대책으로 '과도한 임금 상승 억제'라고요. 인플레이션을 해결하기 위해 개인은 소비를 자제하거나 임금 상승 요구를 억제해야 합니다. 이런 논리가 어떻게 만들어질 수 있을까요?

바로 수요와 공급의 법칙을 기계적으로 적용하다 보니 생기는 일입니다. 총수요 곡선이 오른쪽으로 이동하여 발생한 물가 상승(수요 견인 인플레이션)에 대해서는, 개인의 소비를 자제시켜 총수요 곡선을 다시 왼쪽으로 이동시키려 하는 것이고요. 총공급 곡선이 왼쪽으로 이동하여 발생한 물가 상승(비용 인상 인플레이션)에 대해서는, 임금 상승 억제를 통해 기업의 상품 공급을 늘려 총공급 곡선을 다시 오른쪽으로 이동시키려 하는 것이지요. 이러한 논리는 그래프 위에서만 맞는 말이지, 현실에서는 물가 상승으로 인해 불리해지는 대다수의 임금 노동자들에게 책임을 지우는 꼴이 됩니다. 수요-공급의 법칙을 현실에 무리하게 적용을 해서 나타나는 한계가 여기서도 드러나는 것이죠.

수요-공급의 법칙으로는 물가가 '장기간'에 오르는 이유를 설명하지 못한다

수요-공급의 법칙을 인플레이션이라는 경제 상황에 끌어오기에는 더 근본적인 한계가 있어요. 총수요-총공급 곡선으로는 사실 인플레이션을 설명할 수 없다는 거예요. 무슨 말이냐고요? 인플레이션의 정확한 정의는 그냥 물가가 오르는 게 아니라, 물가가 '장기적으로' 상승하는 현상이에요. 단기적으로 나타나는 물가 상승은 총수요 혹은 총공급 곡선의 이동으로 설명할 수 있어요. 여름 휴가철에 식비와 숙박비 등 해수욕장 인근 지역의 물가가 전체적으로 오른다거나, 그 해에 가뭄이나 태풍으로 흉년이 들어 과일과 채소의 물가가 오르는 현상을 설명할 수 있죠.

그러나 이 법칙으로 물가가 장기적으로, 지속해서 오르는 현상인 인플레이션을 설명할 수는 없어요. 요즘엔 짜장면 가격이 7,000원을 넘는 곳도 있는데, 20년 전에는 4,000원이었거든요. 30년 전에는 2,000천 원이었고, 더 거슬러 올라가 60~70년 전에는 50원이었다고 해요. 다른 먹거리나 상품들도 마찬가지로 수십 년에 걸쳐 가격이 올랐고요. 이걸 총수요-총공급 그래프로 나타내려면, 총수요 곡선이 계속 오른쪽으로 이동하거나 총공급 곡선이 계속 왼쪽으로 이동해야 하죠. 그런데 모든 상품에 대한 수요가 장기간에 지속적으로 늘어날 수 없고(총수요 곡선이 계속 오른쪽으로 이동할 수 없고), 또한 모든 상품을 생산하는 데 드는 비용이 장기간에 지속해서 인상될 수도 없어요(총공급 곡선이 계속 왼쪽으로 이동할 수 없어요). 그렇다면 인플레이션은 왜 발생하는 걸까요?

사실 인플레이션이 발생하는 요인은 아주 복잡합니다. 화폐의 유통량, 화폐의 유통 속도, 경제 성장, 경기 국면, 화폐 기술의 발전 등을 두고 경제학자 간에도 서로 다른 주장을 펼치고 있죠. 여기선 주류 경제학에서 정설로 하는 '화폐 수량설'로 인플레이션을 설명해 볼게요.

현대 주류 경제학의 대가라 불리는 미국의 밀턴 프리드 먼Milton Friedman, 1912~2006은 이렇게 말했어요. "인플레이션은 언제, 어디서나 화폐적 현상이다."라고요. 이게 무슨 말일까요? 가격은 상품과 화폐의 교환 비율입니다. 공책한 권을 1,000원에 샀다는 건, 공책과 1,000원짜리 지폐를 교환한 것으로 생각할 수 있어요. 그렇다면 물가는 그나라의 모든 상품과 그 나라에 유통된 모든 화폐를 교환하는 비율이에요. 정부가 화폐를 계속 찍어 낸다면, 유통

되는 화폐가 많아질수록 화폐 가치는 낮아지게 돼요. 단위 화폐 하나당 가치가 하락하기에 이제 동일한 상품을 구입하기 위해서는 더 많은 양의 화폐를 지불해야 해요. 1,000원짜리 한 장과 교환하던 공책을 이제 1,000원짜리 두 장과 교환해야 하는 것이죠.

화폐는 각국 정부의 중앙은행에서 찍어 냅니다. 정부는 시장에서 거래가 원활하게 이뤄질 수 있게 화폐를 발행해요. 그리고 정책을 실행하는 자금을 조달하기 위해서도 화폐를 찍어 냅니다. 그런데 정부가 화폐를 찍는 것만으로도, 전 국민이 손에 쥔 모든 화폐의 가치가 하락하는 효과를 가져오게 돼요. 화폐 발행의 부담을 전 국민이 나누어 갖는 거예요. 세금을 더 걷은 것도 아닌데, 화폐를 발행하는 것만으로도 정부가 세금을 거두는 효과를 보게 되죠[19]. 그러니 앞에서 다뤘던 물가 안정을 국민에게 책임 지우는 방식으로 해결하려는 건 더 말이 안 된다는 걸 알 수 있죠.

실업은 개인 문제가 아니라 사회 문제다

경제 교과서에서 실업을 다루는 방식도 아주 단순합니다. '일할 능력과 의사가 있음에도 불구하고 일자리를 가지지 못한 상태'라는 실업의 의미를 제시하고, 실업의 발생 원인에 따른 유형을 제시해요. 경기 변동에 따라 발생하는 '경기적 실업', 기술 혁신이나 산업 구조의 변화에 따라 발생하는 '구조적 실업', 새로운 직장을 탐색하거나 일자리를 옮기는 과정에서 발생하는 '마찰적 실업', 계절의 변화에 따라 발생하는 비자발적 '계절적 실업'이 있죠. 실업의 4가지 유형에 따른 사례를 몇 가지 제시하고, 실업이 개인과 사회에 미치는 영향을 언급하는 정도로 끝나요.

그런데 실업은 멀찍이서 구경할 주제가 아닙니다. 실업은 한 명, 한 명의 당사자에게는 생계의 위협이에요. 여러분, 생각해 보세요. 매달 크든 적든 돈을 벌다가 정리해고나 회사 부도로, 아니면 너무 지치거나 몸이 아파서 일을 못 하게 된 상황을요. 그는 매달, 매일 지출해야 할 것들이 떠오르는데, 소득이 없으니 당장 하루하루 어떻게 살아가야 할지 너무나 막막할 거예요. 그러니 수업에서 실업은 실업자의 경제적 위기가 어떤 고통을 가져올지 간접적이라도 느껴보는 시간이 되어야 하지 않을까요?

안타깝게도 실업은 자본주의 경제에서 '없을 수가 없는' 현상이기도 해요. 아무리 경제가 잘 돌아간다고 해도 실업자가 0명인 나라는 없어요. 경제학에서도 현실에서 실업률 0%인 '완전 고용'은 불가능하고 실업률이 3% 정도면 정상적인 상태로 보죠. 실업은 그 사회의 노동 수요보다 노동의 공급이 더 많은, '노동의 초과 공급' 상태입니다. 그렇다면 자본주의에서 왜 실업은 항상 존재하는 걸까요?

자본주의 경제는 언제나 고용할 수 있는 인구보다 더 많은 노동 인구가 원활하게 공급되어야 합니다. 그래야 2장에서 다뤘던 노동 시장에서 노동 공급의 점들이 촘촘히 찍혀서 우상향하는 공급 곡선을 그릴 수 있는 것이죠. 경기가 좋든 나쁘든, 준비된 노동자들이 바로바로 공급되는 것입니다.

노동의 초과 공급을 위한 사회적 조건을 마련하는 것은 자본주의 발전의 역사에서 국가의 중요한 역할이에요. 세계사나 지리 수업에서 배우는 인클로저 운동(울타리 치기 운동)과 이촌 향도 현상이 그 예입니다. 영국의 인클로저 운동을 단순히 양을 키울 목초지를 만들기 위해 농지에 울타리를 쳤던 것으로 알고 있나요? 당시 양모 산업이 발전하면서 양털 원료를 생산하기 위해 양을 키웠던 울타리 안의 변화도 중요하지만, 더 중요한 건 울타리 바깥으로 쫓겨난 농부들입니다. 농지에서 내쫓긴 농부들은 도시로 향해 산업 노동의 풍부한 공급자가 되었거든요. 우리나라도 1960년대 이후 급속한 산업화 시기에 인구의 대다수를 차지했던 농민들이 농촌을 떠나 도시로 몰려갔던 이촌 향도가 진행됐어요. 산업화를 진행하는 어느 곳이든 대규모 인구가 도시로 몰려드는 변화를 겪은 것이죠.

지금도 마찬가지예요. 인구 관리는 현대 국가의 가장 큰 과제입니다. 정부는 언제든 고용할 수 있는 노동 인구를 만들어 내기 위해 인구 증가에 신경 쓰고, 교육, 재교육과 직업 교육 정책을 펼치죠. 국내의 노동 인구가 부족하면 해외에서 적극적으로 이주 노동자를 끌어들이기도 해요.

결론적으로 항상 그 사회에 초과하는 노동 공급이 있어야 한다는 건, 실업이 언제나 있어야 한다는 것과 같은 말이죠. 그렇다면 이렇게 표현할 수 있습니다. 실업은 개인 문제이지만, 동시에 사회 현상이자 사회 문제라고요. 실업의 원인을 개인에게서만 찾으면 안 된다는 것을요. 따라서 경제 수업에서 실업은 실업 당사자와 그가 속한 사회가 어떤 대안을 만들어 갈지 등에 대한 고민을 나누는 시간이 되어야 해요. 또한 실업으로 인해 심해지는 불평등과 함께 따라오는 사회 갈등을 구조적으로 해결하기 위한 논의를 찾아가야 하죠.

IMF 사태는 끝나지 않았다

우리나라에서 실업은 점점 더 큰 사회 문제가 되어 가고 있어요. 그 기점은 1997년 IMF(국제 통화 기금) 사태입니다. 여러분은 IMF 사태를 어떤 일로 알고 있나요? 우리나라가 한때 경제 위기에 처했던 일 정도로만 알고 있나요? 경제 교과서도 IMF 사태를 몇 년이 지나서 완전히 해결된 과거의 사건으로만 다루고 있어요. 당시에 외화가 부족한 국가 부도 위기에서 IMF라는 국제 금융 기관에 달러를 빌렸다가, 정부와 국민의 노력으로 몇 년 새 빌린 돈을 다 갚아 극복했다는 식으로요. 특히 국가의 부채를 갚기 위해 국민들이 자발적으로 소중한 돌 반지, 결혼반지 같은 금을 내어놓은 '금 모으기 운동'은 지금까지

방만한 기업 경영, 금융 기관의 부실, 해외 외환 위기 전파 등으로 1997년 말 우리나라는 외환 부족으로 경제 위기를 맞이하였다. 당시 국제 통화 기금으로부터 구제 금융을 받았다. 정부와 국민의 적극적인 노력으로 2000년대 초반을 지나면서 빠르게 경제적 안정을 되찾았다.

전해지는 감동적인 이야기죠.

그런데 IMF 사태는 과거에 끝난 일이 아닙니다. 실업을 포함한 노동 문제가 이때를 기점으로 심각해졌어요. 외화를 빌렸다가 몇 년 안에 다 갚았는데 지금까지 악영향을 미치고 있다니, 무슨 말인가 의문이 생기나요? 아래의 내용이 그 이유를 알게 합니다. 바로 IMF가 돈을 빌려주는 대신 제시한 조건들이죠.

무역 자유화: 무역 관련 보조금의 폐지 등

자본 자유화: 외국인의 국내 주식, 금융 등 투자에 대한 제한을 없앰

노동 시장의 유연성: 노동력의 재배치를 촉진★

★「한국과 국제 통화 기금(IMF) 간의 차관 제공 합의 의향서」 일부 발췌

IMF는 제2차 세계 대전 이후 미국의 영향 아래 설립된 국제 금융 기관인데요. IMF는 돈을 빌려주는 대신 한국의 경제 구조를 자신들이 원하는 방향으로 바꾸려고 했어요. 그 방향은 외국의 상품과 자본이 한국 경제에 더 쉽게 들어올 수 있는 신자유주의적 변화였던 것이죠. 신자유주의는 자본주의 경제의 범위를 전 세계로 확장하여 관세를 없애고, 자본과 노동의 이동을 쉽게 하는 등 국가 간 경제적 장벽을 허무는 흐름이에요. 한국의 IMF 사태는 이미 1980년대부터 전 세계를 휩쓸던 신자유주의 세계화가 우리 눈앞에 바짝 다가온 거였어요.

예를 들어 외국 자본이 국내 기업에 투자하는 요건을 쉽게 해서, 외국인 투자자들이 높은 수익을 남길 수 있게 되었죠. 무엇보다도 노동 시장 유연화라는 이름으로 노동자들에게 가혹한 조건들이 많았어요. 노동의 자유로운 이동은 노동자들이 전 세계의 노동자들과 경쟁해야 하는 상황을 의미해요. 기업의 구조 조정으로 노동자들은 대량 정리 해고로 실업자가 되거나, 임금 삭감으로 인한 생계의 어려움을 겪게 되었어요.

한국의 급속한 경제 성장기인 1990년대 초반만 해도 대학 졸업자는 물론이고 고등학교만 졸업해도 직장을 골

라서 들어갔어요. 당연히 정년이 보장되는 정규직 일자리였고요. 1980년대 후반부터 실질 임금도 높아져 4인 가족 중 한 사람만 일을 해도 생활하는 데 크게 어려움이 없었던 시기예요. 그런데 IMF 사태 이후로 상황은 완전히 달라집니다. 일자리와 집을 잃고 길에 나앉은 노숙자가 생겨났어요. 가장 큰 변화로는 계약 기간만 일할 수 있거나, 같은 일을 해도 정규직보다 낮은 처우를 받는 비정규직이라는 고용 형태가 나타났다는 거예요.

좋은 일자리가 줄어드는 건 실업 문제를 더 심각하게 해요. 현재 주요 실업 관련 통계를 살펴보면, 실업자가 73만 명이 넘어요. 아예 실업자로 잡히지 않는 인구 규모도 많고요. 대학을 졸업한 취업 포기자는 405만 명,

'그냥 쉬었다'는 15~29세 청년이 44만 명이 넘어요. IMF 사태는 끝나도 끝나지 않은 사건입니다.

당연한 말이지만, 국민이 있어야 국가가 있을 수 있어요. 인구 유지 및 증가가 국가의 운명을 좌우하죠. 그 나라 국민의 노동이 그 나라 경제 성장의 밑바탕이에요. 실업자에 대한 지원은 단순히 복지 차원이 아니라, 국가가 유지되고 발전하기 위해서도 챙겨야 하죠. 헌법 제32조 ②항에 "모든 국민은 근로의 의무를 진다."라고 명시된 이유입니다. 국민이 근로의 의무를 질 수 있게, 국민이 안정된 임금과 노동 환경에서 일할 수 있게 하는 것이 국가의 책무입니다.

최근에 '시럽급여'라는 신조어가 등장했다고 해요. 구직 노력을 하지 않고 편하게 실업 급여를 받는 사람들을 손가락질하는 말이더라고요. 정부의 복지 정책을 악용해서 개인이 부당하게 이득을 취하려는 것은 분명한 잘못이고, 이들에게 엄중하게 책임을 묻는 것은 꼭 필요해요. 하지만 이런 사람들이 있다고 해서 정책이 갖는 의미가 사라지는 건 아니에요. 실업 급여는 노동자가 재취업을 노력하는 기간에 안정된 생활을 보장하고 다시 노동에 복귀하는 걸 지원하는 제도입니다. 실업에 처했어도 다시 구직에 힘쓰는 사람들이 받는 정부의 지원에 대해 부정적인 시선을 보내는 사람들이 많으면 우리 사회의 실업 문제를 해결해 가기 어려워요.

실업 급여를 포함해 고용 보험, 무상 직업 교육, 불안정한 일자리에 대한 처우 개선 등 일자리에 대한 여러 사회 제도가 뒷받침되면, 실업은 사람들이 실업 기간 동안 충분히 휴식하고 자기 계발을 해서, 자기에게 잘 맞는 일을 찾아가는 소중한 시간이 될 수 있어요. 실업 급여를 부정하게 수급하는 사건을 적발하면서도, 취업하려는 사람들에게 꼭 제공되어야 하는 제도로 이어 가야 하지 않을까요?

미래 사회에 인간은 노동으로부터 해방될까?

과학 기술의 발달이 사회 전체에 미치는 영향이 커지면서 일자리 영역도 변화를 맞이하고 있어요. 이러한 사회 변화가 미래의 노동과 실업에 가져올 변화를 학생들이 예측해 보는 시간이 꼭 필요하죠. 그래야 여러분이 기술 발전에 대해 막연하게 장밋빛 희망을 가지거나 반대로 지나친 비관에서 벗어나서, 자신의 미래를 차근차근 준비해 갈 수 있어요. 과학 기술의 발달은 우리를 노동으로부터 해방시켜 줄까요? 과학 기술은 우리를 최소한의 노동으로 물질적으로 풍요롭게 사는 유토피아Utopia로 이끌까요? 아니면 우리를 더 힘든 노동에 시달리거나 물질적으로 궁핍한 디스토피아Dystopia로 이끌까요?

현대 사회는 제4차 산업 혁명이라는 혁신적 기술 발전의 시대입니다. 인공 지능, 사물 인터넷, 빅 데이터, 모바일 기기 등 첨단 정보 통신 기술이 경제 분야와 사회 전반에 큰 변화를 일으키고 있어요. 이런 변화는 우리의 일상적인 경제생활에도, 그리고 직업 생활에도 큰 영향을 미치고 있답니다. 예를 들어 학습한 데이터를 이용하여 새로운 데이터를 생성하는 기술인 생성형 인공 지능은 기존에 인간이 해 오던 여러 노동을 빠르게 대체하고 있어요. 키오스크, 빠른 배송, 알고리즘 광고, 로봇 청소기, 자동 제어 인테리어, 심지어 디자인과 그림, 작곡, 글짓기, 발표 자료 제작까지 AI 로봇이 대신해 주죠.

로봇의 어원은 노동을 의미하는 체코어 'Robota'에서 나왔다고 해요. 로봇이 인간의 노동을 대체해서 가까운 미래에는 인간이 노동으로부터 자유를 가지게 될까요? 사람들은 과학 기술의 발달로 노동 없는 사회를 꿈꾸고 있어요.

그런데 이에 대한 반론도 만만치 않습니다. 암울한 미래가 예상되기도 해요. 첨단 기술의 바로 뒤엔 역시나 누군가의 노동이 있어요. 식당의 키오스크 터치 화

면 뒤에 수많은 노동이 있습니다. 키오스크를 만드는 원료의 채취와 가공 노동이 있고, 복잡하게 꼬인 전선을 푸는 전기 기사의 노동, 시스템 오류나 바이러스를 잡아내는 프로그래머의 노동이 있으며, AI가 스스로 학습할 수 있게 데이터를 수집하고 가공하는 데이터 라벨러의 노동이 있죠.

요즘 많이 생기는 무인 가게도 상주하는 점원이 없다뿐이지 전혀 무인이 아니에요. 무인을 위한 CCTV, 계산대, 냉동고, 아이스크림 유통 뒤에 누군가의 노동이 있습니다. 스마트폰 손가락 터치 몇 번이면 음식이 문 앞에 배달됩니다. 재료의 손질과 음식의 조리, 그리고 배달 라이더의 배송까지 수많은 노동이 그 사이에 존재합니다. 편리한 서비스의 이면에 우리 눈에 잘 보이지 않게 된 노동이 더 낮은 임금과 열악한 조건에서 행해질 수 있는 것이고요. 미래 사회의 디스토피아 가능성도 여전합니다.

또 하나는 아무리 3차 산업(서비스 산업), 4차 산업(첨단 산업)이 발전한다고 해서, 1차 산업(농업), 2차 산업(공업)의 필요가 없어지는 게 아니라는 거예요. 세계 인구는 계속 증가하고, 80억 명이 먹고 쓰는 것들도 계속 늘고 있어요. 지구 어디선가 누군가는 계속 농사를 짓고 물건을 만들어야 하죠. 그리고 그걸 저개발국에서 맡고 있어요. 우리의 일상에 꼭 필요한 생필품과 먹거리를, 실은 가난한 나라의 사람들이 열악한 환경에서 생산해 내고 있는 것이죠.

여러분 주변의 간식이나 옷, 학용품 뒷면의 상품 정보를 자세히 보세요. Made in (　　　). 이 괄호 안에 Korea는 일부고, 전 세계 국가가 적혀 있습니다. 세계화는 뒤늦게 산업화하고 있는 나라의 노동자에 기댄 경제의 세계화이며, 이는 곧 세계적 불평등의 다른 말이었어요. 이 이야기를 6장에서 자세히 살펴보려 합니다.

노인 복지, 국가가 해야 할 최소한의 예우

한국의 불평등에서 또 하나 주목해야 할 통계가 노인 빈곤율이에요. 우리나라 66세 이상 노인 인구의 소득 빈곤율(40.4%)은 OECD 평균(14.2%)보다 3배 가까이 높고, 40%를 넘는 유일한 국가입니다. 이들 세대가 눈부신 대한민국 경제 발전을 일군 주역인데, 노년에 빈곤의 늪에 빠진 분들이 많다는 게 믿어지나요?

한국의 근현대사 속 1940년에 태어난 한 사람의 생애를 생각해 볼까요? 그는 나라 뺏긴 땅에 태어나서 10대 때 분단과 전쟁을 겪고 지독한 가난에 배를 곯으며 번번이 수돗가의 물로 점심을 때우는 학창 시절을 보냈어요. 20대 이후로는 은퇴할 때까지 수십 년을 일터에서 보냈죠.

고속 도로, 빌딩, 항구가 전쟁의 폐허 위에 이들의 노동으로 지어집니다. 독일의 탄광과 병원, 중동 사막의 건설 현장, 미국의 세탁과 청소 같이 그 사회의 가장 궂은일을 하거나, 심지어 베트남 전쟁터에서 군사 임무를 수행해서 외화를 벌어 왔죠. 한국은 이분들 덕택에 경제 성장을 한 국가이며, 국가는 이분들에게 평온한 노년을 제공해야 할 의무가 있어요.

　　이를 두고 노인에 대한 "지나친 혜택"이라거나 "젊은 사람들에 대한 역차별"이라고 말하는 사람들을 보면 참 아쉽더라고요. 편리한 대중교통, 노령 연금, 무상 의료 등은 노년 세대를 위해 국가가 제공하는 최소한의 예우입니다. 우리나라의 저출생-고령화 문제가 심각하긴 하지만, 이 둘을 묶어서 저출생으로 인한 사회적 부담을 고령 인구에 돌리는 주장을 경계해야 해요. 사람들이 안전하게 가정을 이루고 아이를 낳아 키우는 사회가 되도록 관심을 가지면서, 동시에 고령 세대의 건강한 노후를 보장하는 노력이 필요한 시기입니다.

세계화는
지구인 누구에게나
좋은 일일까?

경제 교과서

: 교역은 두 나라 모두에게 이익이 돼!

전 세계가 이렇게 가까워진 적이 있을까요? 차를 몰거나 기차와 배를 타고 다른 국가와 대륙을 오갑니다. 지구상 어디든 비행기를 타고 하루이틀 안에 갈 수 있어요. 올림픽이나 월드컵 같은 세계인이 한자리에 모인 축제가 열리고, 그걸 실시간으로 스마트폰 화면에 띄워서 봅니다. 세계 곳곳에서 K-POP 아이돌 공연이 열리고, 미국 회사가 만든 태블릿으로 일본 드라마와 인도 영화를 보고, 핀란드에서 만든 게임을 즐깁니다. 문화생활의 세계화는 어느새 우리의 일상이 됐어요. 전 지구적인 교류와 상호 의존의 증가라는 세계화의 정의가 쉽게 다가와요.

세계화   교통과 통신의 발달로 지구촌이 국가 경계를 넘어 하나의 단일화된 공간으로 작동하고, 그 안에 모든 구성원의 상호 의존성이 증가하는 현상

세계화는 교통과 통신의 발달로 정치, 경제, 문화, 사회 등 모든 영역에서 전 세계가 하나의 사회로 묶이는 현상입니다. 그런데 세계화를 단지 교류가 많아진다거나 세계인이 가까워진다고만 받아들이면 세계화가 우리 삶에 미치는 영향을 정확히 파악할 수 없어요. 세계화가 대체 어떤 변화인지 그 구체적인 모습을 살펴볼까요?

먼저 생각해 보아야 할 건 세계화는 '경제의 세계화'가 가장 중심이라는 겁니다. 경제의 세계화가 세계화의 시작이었고, 경제 영역이 정치, 사회, 문화 등 다른 영역의 세계화에 영향을 미치는 흐름이에요. 그리고 이는 '유럽 경제'의 세계화예요. 유럽 경제는 우리가 계속 공부하고 있는 자본주의 경제이며, 따라서 현재의 세계화는 '자본주의 경제의 세계화'를 의미해요. 앞서 우리는 분업과 특화, 생산과 소비의 순환과 시장의 확대, 산업화와 도시화 속에서 점점 더 많은 사람들의 임금 노동 등 자본주의 경제를 여러 측면에서 살펴봤었는데요. 세계화는 각 지역과 사회의 다양한 경제를 자본주의 경제로 빨아들이고 있는 것이죠.

처음부터 비유럽 사회가 유럽의 경제를 환대한 건 아니었어요. 세계의 각 지역, 국가는 수백에서 수천 년간 자급자족과 물물 교환, 생산물의 관리와 분배 등 그 사회 고유의 경제 구조를 이어 왔어요. 16세기 유럽의 타 대륙 진출, 즉 '대항해 시대'가 본격적으로 진행됩니다. 그러나 이는 비유럽 사람들에겐 유럽으로부터 침략받는 걸 의미했고, 자본주의 경제 역시 강요받았던 거예요. 유럽의 국가들은 대규모 판매 시장을 확보하고 원료와 식량 등을 수입해 오기 위해 경쟁적으로 뛰어들었어요. 그리고 점차 유럽은 타 대륙의 자원, 노동, 토지 등을 수탈하는 식민 지배를 하게 되었죠. 그 잔혹한 침략의 여러 장면은 잠시 뒤에 보기로 하고, 여기선 유럽이 경제의 세계화를 전파하는 논리와 그 문제를 짚고 넘어가려 합니다.

경제 교과서는 "국가 간 거래가, 즉 교역이 서로에게 이익이 된다."라고 무역의 필요성을 강조해요. 상대적으로 생산성이 높은 일에 전념하여 생산하고 교환하면 거래 당사자 모두 이익을 얻는다는 분업의 원리가 국제 거래에도 적용된다는 것이죠. 국내에서 생산하지 않는 상품은 무역을 통해서 얻어야 하며, 국내에서 생산할 수 있는 상품이더라도 무역을 통하여 더 저렴하게 얻을 수 있어요. 경제학의 무역 이론으로 유럽인들은 아프리카, 아시아, 아메리카 사람들에게 무역은 좋은 거라고 설득합니다.

경제학은 무역이 서로에게 이익이 된다는 주장을 수학적으로 증명하려 해요. 바로 절대 우위론과 비교 우위론입니다. 애덤 스미스가 주장한 절대 우위론은 아주 단순해요. 한 나라가 어떤 상품을 다른 나라보다 더 낮은 비용으로 생산할 수 있을 때 그 상품 생산에 절대 우위가 있다고 말합니다. A 국이 자동차를 더 싸게 만들고 B 국이 가방을 더 싸게 만든다고 가정해 보죠. A 국은 가방을, B 국은 자동차를 굳이 생산하지 않고, 상대국이 만든 걸 수입하면 돼요. 나라마다 한 상품을 생산하는 비용에 차이가 있으므로 절대 우위에 있는 상품을 만들어서 무역하면 된다는 거죠.

그런데 절대 우위론으로는 유럽이 비유럽과 무역을 하자는 논리가 성립되긴 어려워요. 왜냐하면 유럽이 가진 상품 생산력이 비유럽에 비해 압도적으로 높아서 유럽이 모든 상품에 절대 우위를 가졌기 때문입니다. 절대 우위론에 따르면 굳이 유럽과 비유럽이 무역할 필요가 없다는 결론에 이를 수밖에 없죠. 한 나라가 두 상품 생산에 모두 절대 우위가 있어도 무역이 꼭 필요할까요? 이런 상황에도 무역은 서로에게 이익이 된다는 것이 리카도가 주장한 비교 우위론입니다.

한 나라가 다른 나라보다 두 상품 모두 더 적은 비용으로 생산할 수 있더라도, 둘 중 상대적으로 더 적은 비용으로 생산할 수 있는 상품을 특화하여 생산하고 무역하면 서로 이익을 얻을 수 있다는 게 비교 우위론이에요. 예를 들어, 무역을 하는 각국은 자동차와 가방을 모두 생산할 수 있지만, 비교 우위에 있는 한 상품만 택해서 생산합니다.

이렇듯 비교 우위론을 현실로 가져오면 유럽과 비유럽의 무역은 서로에게 이익이 된다는 거예요. 유럽이 아무리 모든 상품을 비유럽보다 더 잘 만들어도, 상대적으로 더 적은 비용을 들이는 것을 유럽에서 생산하고, 그렇지 않은 상품을 비유럽에서 생산하여 무역하면 서로에게 이익이 되는 것이죠.

다양한 사회만큼 다양한 경제 체제가 있다

실제 역사에선 이미 유럽인에 점령당한 비유럽 사람들에겐 선택의 여지 없는 강요된 무역이었지만, 이런 상황을 가정해 보죠. 배를 타고 바다를 건너온 유럽인이 비교 우위론을 근거로 설득합니다. "우리가 너희보다 모든 상품을 더 적은 비용으로 만든다고 해도, 무역은 서로에게 이익이 돼." 이 제안을 들은 아시아, 아프리카, 아메리카 사람들의 반응은 어땠을까요? 다들 "대체 무슨 소리를 하는 거지?"라는 반응이었을 겁니다. 그들은 갑자기 나타난 낯선 사람들과 굳이 무역할 필요를 느끼지 못했을 거예요.

인간과 인간 사회를 탐구하는 학문인 인류학의 연구

가 이를 뒷받침해요. 인류학도 유럽인들이 시작한 학문
이어서 비유럽 사회를 발전된 유럽과 대비하여 미개한
사회로 보는 경우도 많았습니다. 하지만 한편으로는 비
유럽의 여러 사회를 깊이 들어가 연구하면서 유럽인들이
기존의 고정 관념이나 편견을 깨는 경우도 있었어요. 비
유럽의 각 사회는 그들 나름의 정치, 경제, 문화 등의 사
회 체계를 갖춰 왔다는 걸 알게 된 것이죠. 인류학은 절
대적으로 우등하거나 열등한 문화는 없으며, 각기 상대
적으로 고유한 가치를 지닌다는 상대주의적 태도를 가졌

어요.

마찬가지로 경제 인류학자들은 비유럽 사회가 그들 나름의 경제 방식을 택해 왔고, 특유의 경제 구조를 갖추어 오랜 시간 잘 돌아가고 있다는 걸 알게 됐습니다. 경제 인류학자 칼 폴라니Karl Polanyi, 1886~1964는 지금의 유럽에서 발전해 온 자본주의 경제는 역사적으로 특수한 형태에 불과하다고까지 말합니다. 경제 인류학자들은 자본주의 경제가 가장 발달한 형태라는 것도 진리라기보다는 유럽인들이 가진 하나의 믿음이라는 시각을 제공하죠. 한 가지 예를 살펴볼까요?

남아프리카 칼라하리 사막에 사는 부시먼Bushman. (…) 부시먼이 사는 지역에는 100여 종이 넘는 식용 가능한 식물이 풍부하며, 그들은 이를 채집해 식량의 대부분을 충당한다. 이와 더불어 비정기적인 수렵 활동을 통해 필요한 동물성 단백질을 얻고 있다. 부시먼 성인이 생계 활동에 투여하는 시간은 일주일에 평균 20시간 정도로 현대 산업 사회의 주 40시간 노동에 훨씬 못 미치는 수준이다. 이들은 물질적 욕구를 최소화하고, 이를 초과하는 생산을 위한 노동을 불필요하다고 간주함으로써, 물질적 빈곤 속에서 '풍요로움'을 느끼는 것이다.

부시먼의 일상이 어때 보이나요? 하루 왕복 2시간이 넘는 출퇴근, 8시간 넘게 일하면서 부족한 잠에 만성 피로를 느끼는 현대인의 풍요 속의 빈곤과 비교해 보게 되죠. 그 외에도 사회적 유대로 맺어진 사회 집단 간에 서로에게 필요한 물자를 주고받으며 교류하는 남태평양 폴리네시아 섬 간 선물 교환(쿨러링), 사회의 잉여 생산물을 누군가가 독점하는 게 아니라 마을 사람들이 다 같이 축제에서 소모하여 평등한 공동체를 지속하는 캐나다 서북부의 원주민들(포틀래치) 등도 잘 알려진 연구예요.

이렇듯 세계 각지에는 다양한 사회만큼이나 여러 경제 체제가 존재했습니다. 유럽의 자본주의의 시장 교환은 자신의 이득을 우선으로 하기에 상대방에 대한 신뢰가 낮지만, 원주민 사회에서는 더욱 끈끈한 협동 관계, 연대감을 기반으로 한 경제가 오랫동안 지속되어 왔어요.[20] 이런 사회가 굳이 비교 우위론을 내세운 유럽인들과 교역할 필요를 느끼지 못했을 거예요.

개척의 역사라기엔
너무 참혹한 피의 역사

안타깝게도 비교 우위론은 실제 진행된 유럽의 무자비한 침략의 역사를 가린다는 문제가 있어요. 시장에서 만나는 당사자 간의 관계가 자유롭고 평등하지 않을 수 있다고 3장에서 살펴봤었는데요. 국제 관계에서도 유럽이 힘의 우위를 앞세워 무역을 요구하고, 비유럽은 내키지 않는 거래를 강요받았던 것이죠. 대항해 시대 유럽의 신항로 '개척'과 콜럼버스의 아메리카 대륙 '발견'은 유럽인들 입장에서 맞는 말이지, 이미 그곳에 오랫동안 살아오던 아메리카 원주민들로서는 참 당혹스러운 표현입니다. 원주민들에겐 외부로부터의 침략을 당한 사건일 뿐이니까요.

　　아메리카의 광활한 토지와 농사짓기에 적합한 기후, 원주민과 흑인 노예를 강제로 동원한 노동력으로 유럽인들이 펼친 농업이 바로 플랜테이션Plantation입니다. 역사 교과서와 지리 교과서에도 소개하는 플랜테이션의 정의를 살펴볼까요?

플랜테이션　　열대·아열대 지방에서 선진국의 자본 및 기술과 원주민의 노동력이 결합하여 대규모의 단일한 상품 작물을 재배하는 농업

　　선진국의 자본과 기술, 열대·아열대 지방 원주민의 노동력이 만나 상품 작물을 재배한다고 하니, 여기서도 유럽인과 비유럽인이 마치 서로에게 이익이 되는 동등한 거래를 하고 있다는 인상을 받기 쉬운데요. 실제로 플랜테이션은 유럽의 자본과 기술, 막강한 힘으로 밀어붙여 아시아, 아프리카, 아메리카의 자연과 원주민의 삶터를 파괴하는 일이었어요. 그곳의 토지와 원료를 싸게 이용하고 원주민의 노동력을 착취하면서 막대한 상품 작물을 재배하는 방식이었죠.

제2차 세계 대전 이후 유럽은 대부분의 아시아와 아프리카, 남아메리카의 식민지에서 철수해요. 식민 지배를 받던 나라들은 독립 국가를 세웁니다. 그래서 겉으로 볼 때 식민지 체제가 끝난 것으로 보이는데요. 그렇지만 경제의 세계화 속에서 선진국과 저개발국 간에 경제적인 지배와 종속의 관계는 이어지고 있어요. 이를 새로운 형태의 식민지라는 의미에서 '신식민주의'라고 칭합니다. 바나나와 커피(중남미), 카카오(가나), 사탕수수(브라질), 팜유(인도네시아) 등 기호품을 저개발국에서 생산해서 전 세계로 유통하는 유럽과 미국의 글로벌 기업이 주도하는 플랜테이션은 지금도 계속되고 있어요.

예를 들어 콜롬비아, 온두라스, 과테말라 등 일명 '바나나 공화국'이 있는데요.[21] 바나나 공화국은 바나나 수

출에 의존하면서 유럽과 미국의 경제에 예속된 국가들을 칭합니다. 미국의 '유나이티드 푸르트' 회사는 부패한 정부를 이용해 농지를 공짜로 이용하거나 원주민 노동력을 저임금으로 동원하는 특혜를 받아요. 게다가 일주일만 지나도 상하기 쉬운 바나나 특성상 살충제를 마구 살포하는데, 노동자들이 독성 물질에 노출되고 질병에 시달리기까지 하죠. 플랜테이션으로 원주민들은 자기 먹거리를 얻는 작물을 재배하지 못하게 됐어요. 이제 세계 시장에 판매하기 위한 상품 작물을 재배해야 하죠. 그 과정에서 저개발국의 산과 물이 오염되어 생태계가 파괴되고, 그곳의 노동자들은 임금을 못 받거나 생존의 위기에 몰리기도 해요. 싸고 달콤한 바나나는 바나나 공화국과 그곳의 노동자들을 쥐어짠 엄청난 희생의 산물이었던 것입니다.

피의 역사 위에 올라선 경제의 세계화는 현재 진행형입니다. 플랜테이션이 세계적 차원의 식량 생산과 유통, 판매 과정에서 저개발국의 희생을 가져왔는데, 이와 비슷하게 공산품 생산의 '공간적 분업'도 세계적인 불평등을 심하게 합니다. 다국적 기업(글로벌 기업)의 상품은 기획-연구-원료 채취-가공-제조-유통-판매까지 세계적 범위에서 공간적 분업으로 만들어져요. 그리고 주로 원료를 채취하고 제조하는 노동이 저개발국 노동자들의 희생 위에 진행돼요.

우리가 매일 같이 먹고, 마시고, 입고, 쓰는 것 중에 'Made in Korea'가 별로 없어요. 신발은 'Made in Indonesia', 물통은 'Made in China' 등 먼 나라에서 생산되고, 유통되어 내 앞에 있는 것이죠. 스마트폰은 대표적인 공산품의 세계화예요. 주로 미국과 유럽의 기술력과 자본이 지휘하는 스마트폰의 공간적 분업입니다. 르완다, 러시아, 콩고 민주 공화국에서 20여 가지 자원을 채굴하면 중국, 대만에서 부품을 제조하고 베트남, 인도, 브라질에서 조립하여 전 세계에 유통돼요.[22] 여러분이 손에 쥔 스마트폰에 전 세계가 담긴 것이죠. 다른 말로 하면 내 손안에 불평등도 있는 것이에요.

예를 들어, 콩고 민주 공화국의 콜탄 광산 노동자들의 처참한 삶의 현장을 잠시 살펴볼까요?[23] 스마트폰을 포함한 전자 제품의 필수 광물인 콜탄은 80%가 콩고 민주 공화국에 매장되어 있어요. 그곳의 사람들도 채굴한 콜탄을 팔아 잘살아야 하는데 그렇지 않습니다. 콜탄 광산 노동자들은 보호 장비 하나 없이 맨손으로 콜탄을 캐

내며 장시간 노동을 해요. 콜탄 1kg당 국제 가격은 100달러인데, 국제 자본과 중개상은 1kg에 10달러에 매입합니다. 그렇게 일한 노동자는 한 달에 고작 50달러(7만 원)도 안 되는 임금을 받거나 체불당하는 때도 빈번하고요. 이들은 광산 주변 쓰러져 가는 오두막집에서 생활하며 멀건 죽으로 끼니를 때웁니다. 심지어 정부군과 반군의 내전이 벌어지고, 청소년들은 학교에 다니긴커녕 총을 들거나 안전 장비 없이 고된 광산 노동에 시달립니다. 과거 유럽 식민 지배의 영향, 글로벌 기업과 국제 유통상의 중간 착취가 이곳 원주민의 삶을 더 처참하게 하죠.

이렇듯 세계적 불평등이 심각해요. 한국은 노력과 운이 더해져 경제의 세계화가 가져오는 풍요로움을 누리면서 살고 있어요. 한국에는 생존의 위기를 느낄 정도의 극심한 빈곤을 겪는 사람은 적어요. 그런데 한국을 포함한 선진국이 더 풍요로워질수록 저개발국에는 하루하루 겨우 연명하는 사람들이 늘어납니다. 여러분들도 텔레비전 화면에 뜨는 국제기구나 구호 단체의 모금 광고를 통해 굶주림과 질병에 시달리는 저개발국 사람들의 모습을 스치듯 보았을 거예요. 매년 전 세계 약 560만 명의 사람들이 의료 서비스를 이용하지 못한 채 사망하고, 210만 명의 사람들이 굶주림 탓에 사망한다고 해요.

억만장자 252명이 아프리카, 남미, 카리브해 지역의 여성 10억 명이 가진 것보다 더 많은 부를 소유하고, 1995년 이후 인구의 상위 1%가 하위 50%보다 약 20배 더 많은 부를 차지한다고 합니다.[24] 현재 벌어지는 세계적 불평등의 심화는 '서로에게 이익이 된다.'는 비교 우위론의 주장에 강한 의심이 들게 하죠. 비교 우위론이 강대국의 힘의 행사를 말하지 않았기 때문입니다.

지금까지 자유로운 시장 거래 뒤에 숨겨진 불평등, 생산 영역에서의 노동자에 대한 착취의 문제, 식민 지배와 흑인 노예, 저개발국의 희생에 기댄 경제의 세계화를 살펴 봤어요. 여기서 한 발 더 나가 불평등의 개념을 확장하면 환경 문제와도 연결돼요. 자본주의 경제에서 아예 가치로 인정받지 못해 왔던 영역이 바로 자연이에요.[25]

태양, 물과 숲, 맑은 공기와 바람을 제공하는 자연은 자본주의가 전적으로 의존하지만, 무상으로 무한히 가져다 쓰는 '감춰진 장소'였어요. 그 문제가 점차 드러나면서 더 이상의 환경 파괴를 가만히 두고 볼 수 없다는 위기의식에서 이에 대항하는 환경 운동이 벌어지고 있는 것이고요. 인간이 자연을 마구 쓴 대가를 치르고 있는 게 바로 기후 위기입니다. 더 많은 생산과 더 많은 소비, 생산-소비의 빠른 순환이 더 많은 이윤을 남기게 되는 게 자본주의 경제예요. 옷장에 옷은 쌓이는데 유행에 따라 옷을 또 삽니다. 스마트폰 수명이 다하기도 전에 출시된 신제품으로 바꾸기도 하죠. 그런 소비들 뒤에서 자연은 빠르게 소모됩니다.

먹거리가 상품으로서 생산과 소비의 큰 영역이 되어서 벌어지는 환경 문제도 심각해요. 현재 지구상에 인간의 육류 섭취를 위해 소는 약 13억 마리, 돼지와 양은 각각 10억 마리, 닭 200억 마리가 사육된다고 해요. 가축의 사육을 위한 목초지, 사료, 분뇨 처리 과정에서 엄청난 토양과 대기의 파괴가 벌어지죠. 육류 소비가 늘면서 공장식 축산이 더 커지고, 공장식 축산이 커지면 더 많은 육류를 소비해요. 해양 생물을 식용하는 문제도 있어요. 연어 1kg을 양식하려면 15kg의 작은 물고기가 먹이로 필요하고, 바다에서 잡히는 물고기 3분의 1가량이 분쇄되어 양식장 물고기의 먹이로 사용되고 있어요.

불평등은 먹거리와 환경 문제 전반에도 이어져요. OECD 국가들이 매주 하루씩만 '고기 없는 날'을 정해 지킨다면, 1년간 배곯는 사람들을 모두 먹일 수 있는 1억 2,000만 톤의 식량용 곡물이 여분으로 생기게 된다고 합니다.[26] 선진국인 한국도 이런 측면에서 비판을 피할 수 없는데요. 한국인 1인당 육류 소비량이 60kg, 온실가스 배출량이 13t, 플라스틱 폐기물 배출량이 연 200kg을 넘는다고 해요. 선진국이 버린 플라스틱 쓰레기는 다시 인도네시아 작은 마을에 버려져 마을 하늘을 새까만 연기로 뒤덮으며 두부 공장의 연료로 쓰입니다.[27]

경제 대국인 선진국은 생산과 소비의 양과 속도가 아주 빨라요. 가장 부유한 억만장자 20명의 탄소 배출량은 가장 가난한 10억 명보다 평균 8,000배 더 많은 것으로 추정됩니다.[28] 잘사는 나라에 산다는 건 더 무거운 환경 파괴를 일상적으로 한다는 것을 의미하죠. 국내 총생산이 큰 나라가 탄소 배출량도 많고, 국민 1인당 쓰레기 배출량도 많습니다.

교과서에서 환경 문제와 해결 방안을 다룰 때 아쉬운 게 이 부분이에요. 분리수거, 쓰레기 줄이기, 냉난방기 끄기 등 개인의 실천만을 이야기한다는 것이죠. 물론 개인의 환경 실천도 중요하지만, 이것만으로는 부족해요. 기후 위기를 극복하는 근본적인 방법은 자본주의 경제의 빠른 생산-소비의 순환에 대한 질문에서 시작되어야 합니다. 기후 위기를 가져온 중심엔 자본주의 경제가 있어요. 자본주의 경제의 이면을 들여다보고, 정부의 정책적 노력을 촉구하는 교육이 필요해요. 기후 위기를 극복하려면 국제 사회에서 경제 선진국에 대한 책임을 말하고, 국내 기업의 경영과 정부의 정책이 이전과는 다른 방향으로 바뀌어야 한다는 주장이 어느 때보다도 절실합니다.

세계 화폐로서 달러화는
미국의 힘에서 나온다고?

사회 교과서의 정치 단원을 펼치면 국제 사회의 특성들이 제시돼요. 국제 사회는 힘의 논리가 작용하고, 군사력과 경제력이 막강한 국가가 국제 관계를 주도하는 게 가장 기본적인 특징입니다. 이 특징을 경제 교과서의 환율에도 적용할 수 있어요. 한국은 원화, 일본은 엔화, 중국은 위안화 등 여러 화폐가 있고, 환율은 국제 거래를 할 때 나라 간 화폐(통화)의 교환 비율입니다. 경제 교과서는 환율의 의미를 제시하고, 환율 시장의 수요-공급 그래프를 통해 환율 상승과 하락 시에 수출, 수입, 유리, 불리 등을 말하죠. 여기서도 역시나 경제 교과서는 외화의 수요와 공급의 그래프 바깥의 현실과

힘의 관계에 대해 이야기해 주지 않는데요.

　국제 거래에서 가장 많이 통용되는 화폐는 뭘까요? 외환 시장에서 통용되는 화폐, 각국 통화 사이의 교환 수단이 되는 화폐를 '기축 통화'라 하는데, 제2차 세계 대전 이후 현재까지 미국의 달러화 (US Dollar, $)가 기축 통화예요. 그런데 왜 하필 미국의 달러화냐고요? 달러의 종이 질이 특별하게 좋거나 특수한 기능이 내장된 게 아닙니다. 그냥 미국이 힘이 강해서 그래요. 아주 단순하죠?! 미국

의 정치적, 경제적, 군사적 힘이 곧 달러화의 패권입니다. 다시 말해 미국이 국제 사회에 미치는 힘이 곧 달러화의 힘이죠.

원래는 오랫동안 국제 거래에서 금이 화폐의 위상을 가져 왔어요. 점차 각국 중앙은행에서 발행하는 지폐가 화폐로 쓰이게 되는데요. 지폐는 그 자체로 가치가 없고, '태환 지폐' 즉 일정량의 금과 교환될 수 있다는 신뢰 속에서 통용되었죠. 단위 화폐와 일정량의 금이 동등한 가치를 유지하는 걸 '금 본위 제도金本位制度, Gold standard'라고 해요. 국제 경제에서 영국이나 미국과 같은 패권 국가의 화폐를 일정량의 금으로 바꿀 수 있도록 교환 비율을 정하고, 다른 나라들이 자국의 화폐를 그 강대국의 화폐와 연동했어요.

제2차 세계 대전 이후 1971년까지 유지되었던 브레턴우즈 체제 Bretton Woods System, BWS는 미국 달러를 중앙은행에 주면 금 1온스를 받게 연동했죠. 제2차 대전이 끝나 갈 시기, 패권국이 된 미국은 전 세계 금의 무려 70%를 보유하고 있었어요. 미국이 달러화를 통용할 것을 연합국에 주장했고, 결국 이 주장이 받아들여져 미국 달러를 기축 통화로 한 금 본위 제도를 채택하게 되었던 거죠.

1960년대 들어 미국은 베트남 전쟁을 벌이면서 달러화를 마구 찍어 냈고 엄청난 재정 적자를 보게 돼요. 다른 국가들에서 미국이 금 태환 능력이 있는지 의심하기 시작했고, 미국이 보유하고 있는 금보다 훨씬 더 많은 통화를 찍어 낸다고 본 유럽의 국가들은 태환을 요구하기 시작했어요. 그러자 1971년 8월 15일 미국 대통령 리

처드 닉슨이 일방적으로 금 태환 정지를 선언하며 금 본위제는 막을 내렸죠.

이후 현재까지 세계는 각국 외환 시장에서 환율이 결정되는 방식으로 변화했지만, 여전히 달러화가 국제 경제의 기축 통화의 위치에 있습니다. 강대국 미국의 국제 정치에서 힘의 행사, 달러화를 기축 통화로 한 금 본위 제도 실시, 그리고 태환 능력이 의심되자 달러화의 태환을 일방적으로 파기, 그럼에도 현재까지 패권국으로서 미국의 달러화의 통용. 강대국 미국의 힘이 느껴지나요?

금융은
황금알을 낳는
거위를 선물할까?

경제 교과서
: 슬기로운 금융 경제생활

여러분은 다른 나라로 여행을 가 본 적 있나요? 외국에 가면 언어와 문자, 건축물과 도로, 옷차림과 음식 등 모든 게 낯설면서도, 그 낯선 것들이 신선한 느낌으로 다가와 여행의 묘한 매력을 느끼게 해요. 해외여행을 준비할 때 챙겨야 할 게 참 많은데요. 가장 중요한 게 그 나라의 화폐입니다. 그 나라의 지폐나 동전으로 꼭 환전을 해야 하죠. 디지털 금융 경제가 발달하면서 전 세계 어디에서나 쓸 수 있는 신용 카드나 스마트폰 은행 앱만 준비하면 될 거라 생각할 수도 있지만, 여전히 대다수 나라에서 사람들은 지폐나 동전을 많이들 사용하고 있어요.

해외에 가서 지폐나 동전을 쓰고 거스름돈을 지갑

에 넣고 다니다가 돌아오면, 한국만큼 디지털 경제생활을 하는 곳이 없다는 걸 알게 됩니다. 돈의 이동이 첨단 기술 위에서 이뤄지면서 사람들은 이제 인터넷 뱅킹으로 이체하고, 모바일 신용 카드로 결제합니다. 스마트폰 앱으로 용돈과 자산을 관리하고, 회비, 세금, 적금, 대출금 등을 자동 이체해 두죠. 디지털 경제의 발달로 거스름돈을 주머니에 짤랑짤랑하면서 들고 다닐 필요도 없고, 돈을 잃어버리거나 도둑맞을 위험도 없습니다. 거래 기록이 명확히 남아 어두운 돈거래 정황을 밝혀낼 수 있어서 범죄를 예방하기도 합니다.

이제 내 돈은 지갑이나 장롱 속 금고 안에 있지 않고 스마트폰 화면 위의 숫자들로 보여요. 돈을 소유하고 쓰는 게 숫자들의 변화로 확인되니, 돈에 대한 물리적인 감각이 약해집니다. 화면 위로 손가락 터치 몇 번 하면 몇천 원 하는 저가 상품부터 수백, 수천만 원 하는 고가의 상품까지 바로 살 수 있어요. 이렇듯 디지털 경제는 사람들이 돈을 쉽게 쓰게 해서 비합리적 소비의 가능성도 높이죠.

나아가 사람들은 월급보다도 더 큰 금액을 소비하기도 해요. 신용 카드로 결제한다거나 대출을 받는 방식으로 소득 범위를 넘어서는 지출을 하는 거예요. 미래의 소득을 예상하고, 은행에서 신용 거래로 자금을 끌어와서 현재에 쓰는 거죠. 작게는 노트북을 사는 데 할부 결제를 해서 몇 달에 나눠 갚는다거나, 크게는 집을 마련하기 위해 수억 원을 은행에서 빌려요.

이런 소비가 가능한 건 금융 시장이 발달한 덕택입니다. 금융은 '자금을 융통한다.'라는 뜻인데요. 은행업과 디지털 경제가 발달할수록 사람들은 금융을 더 쉽게 이용하게 되었어요. 한편으로 금융 범죄의 피해나 신용 불량, 빚더미와 파산 등의 위험도 가까이에 있게 되는데요. 금융 경제 사회에서 우리는 자신의 수입과 지출을 관리하고, 장기적인 목돈을 마련하며, 금융 범죄를 예방하고, 신용 관리 등을 위한 금융 지식을 알아야 해요. 우리의 일상에 깊숙이 들어와 있는 금융. 경제생활의 필수 소양으로서 금융 교육은 꼭 필요합니다.

금융 생활과 금융 투자는 전혀 다른 행위다

경제 교과서는 미래에 불확실한 상황이나 노후를 대비하기 위해서 자산을 확보하고, 자산을 효율적으로 관리하기 위해 금융 상품을 소개합니다. 예금과 적금 같은 저축, 주식과 채권 투자, 그리고 보험과 연금 가입을 안내하죠. 이어서 원금을 돌려받을 수 있는 안전성, 큰 투자 수익을 기대할 수 있는 수익성, 쉽게 현금으로 바꿀 수 있는 유동성을 기준으로 금융 상품의 장단점을 파악해 보게 합니다. 예를 들어, 저축은 수익성이 낮지만 원금 손실이 없어 안정성이 높고, 주식은 높은 수익을 기대할 수 있지만, 원금이 손실될 우려가 있어요.

주의해야 할 건 금융 생활과 금융 투자는 완전히 다

른 경제 행위라는 거예요. 경제 교과서에는 이 둘을 구분하지 않고 자산 관리 상품으로 묶어서 제시하기 때문에, 학생들이 금융 투자도 마치 슬기로운 금융 생활 중 하나의 방식으로 받아들이게 하는 오해가 생길 수 있어요. 경제 교과서가 자산 관리 방법으로 예금과 적금에 더해 주식과 채권, 펀드를 소개한다면, 금융 생활과 성격이 다른 금융 투자의 위험성에 대해서도 자세히 말해야 합니다.

저축	일정 금액을 일정 기간 동안 은행에 맡기고, 만기 날에 원금과 이자를 돌려받음
주식	주식회사가 투자자로부터 돈을 받는 대신 투자자에게 발행한 증서
채권	국가, 은행, 회사 등이 일반 국민으로부터 돈을 빌리기 위해 발행한 증서
펀드	전문적인 운용 기관이 투자자들로부터 모은 자금을 주식이나 채권 등에 투자
보험	생명이나 재산상의 위험에 대비하기 위해 일정액을 내는 금융 상품
연금	안정적인 노후 생활을 보장하기 위해 일정액을 내는 금융 상품

금융 투자의 위험성을 알 수 있는 방법의 하나로, '투자'와 '투기'에 대한 용어를 구분해 볼 수 있어요. 투자는 회사의 성장 가능성과 거래 상품의 장기적 가치에 주목하지만, 투기는 오로지 시세 차익에만 목적을 둡니다. 예를 들어 주식 투자가 '투자'이기 위해서는 기업의 혁신적인 경영, 신제품 개발을 기대합니다. 투자는 기업에 대한 장기적인 안목에 두고 하는 '장투'(장기 투자)인 경우가 많죠.

그런데 요즘의 투자는 투기의 성격이 아주 짙어요. 주식에 투자해서 돈 벌 수 있다고 말하는 사람 중 다수는 일명 '단타'라고 하여 짧게는 며칠, 몇 시간, 몇 분, 심지어 몇 초 사이에 사고팔면서 그 차액을 이윤으로 벌 수 있다고 하거든요.

주식 시장이 투자보다는 투기적 성격이 높아질수록, 무모한 심리 게임, 놀음판, 합법적 도박판이 되어 가는 거예요. 주가가 위아래로 요동쳐서 예측이 어려워진다는 투자의 랜덤 워크 이론Random Walk Theory이란 것도 있어요. 주가는 무작위로 움직이기 때문에 추세와 변화 신호를 찾으려는 노력은 모두 허사라는 겁니다.

십수 년 전만 해도 사람들은 투자가 가져올 수 있는

투기적 성격을 심각한 사회 문제로 인식했었어요. 그런 데 요즘엔 사람들이 투자의 투기적 성격을 숨기거나 관심을 두지 않아요. 경제 교과서가 금융 투자를 소개한다면, 투자의 투기적 성격을 알리고 투기에 대한 경각심을 가지게 해야 하죠.

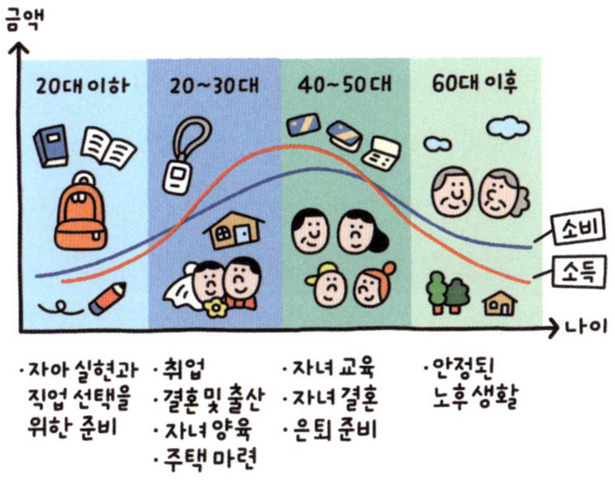

생애 주기 그래프

경제 교과서는 금융 생활의 필요성을 개인의 생애 주기와 연관 짓는데요. 전하는 메시지는 단순하고 명확합니다. 인생은 길고 평생에 걸쳐 지출해야 하는데, 그에 비해 일해서 돈을 버는 기간은 짧다고요. 그러니 돈을 벌

때 잘 모아 두라고 하죠. 실제로 경제생활을 하다 보면, 목돈이 드는 일에 대비해 돈을 모으거나, 예기치 않게 벌어질 위험을 잘 대처하기 위해 생애 주기를 놓고 금융 생활을 계획할 수 있어요.

그런데 생애 주기 그래프는 사람들의 불안한 심리를 자극해서 무턱대고 금융 투자를 하도록 부추길 수 있어요. 특히 주도적인 경제생활을 막 시작하는 청년들은 생애 주기 그래프 위에 대학교 등록금, 여행, 전세 자금 마련, 결혼 준비를 적다 보면 굉장히 두려운 마음이 들거든요. 불안정한 일자리, 높은 주거 비용, 모아 놓은 자산이 없는 노후 등 불확실한 미래들이 떠오르기 때문이죠. 험한 세상을 홀로 헤쳐 나가야 한다는 압박감, 실패하면 다시 올라설 수 없다는 위기감이 듭니다. 자산을 잘 관리하는 것으로는 부족하고, 가진 돈으로 투자를 해서 자산을 늘리고 싶은 마음이 생겨나죠. 은행에 빚을 내서라도 자금을 끌어와 투자해야만 할 것 같습니다. 이런 상황과 사회 분위기 속에서 최근 청년들이 무분별하게 빚을 내 투자하고 큰 손실을 보는 '청년 빚투'가 사회 문제로 떠오르게 된 거예요.

더구나 생애 주기 그래프를 모두가 겪는 삶의 경로

로 받아들일 순 없어요. 누군가는 어린 나이부터 노인이 될 때까지 평생을 일할 수 있고, 어떤 사람은 인생 대부분의 시기를 소득 없이 지낼 수도 있어요. 안정된 직장에서 꾸준한 소득을 얻는 사람도 있지만, 누군가는 저임금 노동만을 할 수도 있죠. 누군가는 투자할 수 있는 자산을 물려받지만, 누군가는 어린 나이에 가족의 빚을 떠맡습니다. 이렇듯 다양한 삶의 경로 안에는 불평등이 들어 있지만, 생애 주기 그래프는 불평등을 말하지 않습니다.

5장 '실업' 주제에서 살펴보기도 했었는데, 한국 사회에서 개인이 일해서 번 소득만으론 안정된 일상과 장기적인 계획을 만들어 가기 어려워지고 있어요. 취업난, 비정규 일자리, 낮은 임금, 높은 생활 물가 등 개인이 헤쳐 나가야 할 경제적인 고비가 더 많아지고요. 이런 이야기 없이 그리는 생애 주기 그래프는 우리가 경제 문제를 스스로 능력을 쌓아 홀로 헤쳐 나가야 하는 것으로만 받아들이게 합니다.

잘되고 못되고가 개인의 능력이라고만 이야기하면, 불평등한 사회 구조와 사회 안전망 등 한 개인의 생애를 잘 살피는 사회적 해결 방안을 논할 수가 없어요. 무리하게 투자를 하지 않아도 임금 소득으로 잘 살 수 있는 사

회, 경제적 위기가 곧 삶의 실패가 되지 않도록 하는 사
회적 제도들에 대해 논의가 불가능해요.

돈이 돈을 낳는다는
신비를 벗기기

금융 투자는 돈이 돈을 낳을 수 있다는 환상을 가지게 만드는데요. 과연 돈이 돈을 낳을 수 있을까요? 돈이 그런 마법을 부릴 수 있을까요? 여러분들 지갑에 든 천 원짜리 지폐를 꺼내 요리조리 돌리면서 봐 보세요. 거기에 어떤 신비한 힘이 느껴지나요? 그게 아니라면, 돈이 돈을 낳는다는 신비는 어떻게 만들어지는 걸까요?

은행에 예금을 하면 이자가 붙잖아요. 왜 10만 원을 예금하면, 1년 뒤에 이자를 붙여서 10만 3,000원을 돌려줄까요? 은행이 자선 단체도 아닌데 말이죠. 사람들은 예금 이자를 받았다는 것만으로 돈이 돈을 낳았다는 환상을 가지게 될 수 있어요. 은행은 돈을 맡아 주고, 빌려

주는 일을 하는 회사입니다. 은행의 이윤은 대출해 줄 때와 예금을 받을 때의 이자율 차이로 발생하죠. 예를 들어은행은 예금자에 대해 3% 이자를 지급하는 방식으로 자금을 끌어모으고, 자금이 필요한 사람들에게 6%의 이자로 대출을 해 줘요. 그 3%의 차이가 은행의 이윤이 되는것이죠. 예금 이자는 은행에 맡긴 자금에 대한 대가인 거고요.

사실 예금자가 예금 이자를 받았다고 해서 자산이증가했다고 볼 수는 없어요. 은행이 예금 이자율을 정할때 보통 물가 상승률보다 낮게 잡기 때문이죠. 이자율은떨어질 거로 예상되는 화폐의 미래 가치를 현재의 가치로 환산한 것에 불과해요. 앞서 인플레이션에 관해 이야기했던 것 기억하나요? 물가가 장기적으로 상승하는 인플레이션으로 인해 시간이 흐르면서 단위 화폐의 가치가떨어지게 됩니다. 인플레이션으로 떨어지게 될 미래의화폐 가치만큼 쳐주는 게 이자율이에요. 예금 이자는 금융 투자 수익과는 전혀 다른 원리로 생겨나는 돈입니다.

그렇다면 이제 돈이 불어난다고 하는 장소인 금융시장으로 가 보죠. 「흥부전」의 박씨, 「알라딘」의 요술 램프, 「황금알을 낳는 거위」. 무한히 쏟아져 나오는 부에 대한 인간의 욕망을 담은 이야기들입니다. 그런 노다지가 있다면 얼마나 좋을까요! 금융 시장이 황금알을 낳는 거위를 내 품에 안겨 줄 수 있을까요?

금융 투자는 금융 시장의 금융 상품을 사는 건데요. 금융 시장에 황금알을 낳는 거위가 있는지 알기 위해, 금융 시장이 아닌 시장, 즉 실제 물건(상품)들이 거래되는 실물 시장과 비교해 볼게요. 금융 시장은 원래 실물 시장에서 상품 거래를 위한 자금이 오가는 것에서 생겨났어요. 실제 물건이 거래되는 시장이 먼저 생기고, 상품을 생산하거나 거래하기 위해 자금을 끌어오면서 금융 시장이 발달하게 된 거죠.

이걸 보여 주는 대표적인 예가 주식의 유래입니다. 대항해 시대 네덜란드 정부가 대규모로 인도 무역을 위한 선단船團을 꾸렸는데요. 무역이 성사만 된다면 큰 이익을 남길 수 있지만, 몇 달에 걸친 항해에 난파하거나 해로를 잃는 등 큰 위험이 따르기도 했지요. 네덜란드 정부가 선단을 꾸리기 위해서는 이 모험을 감수할 수 있는 큰 규모의 돈이 필요했어요. 국가의 재정만으로는 자금이 부족해 국민에게서 투자를 받았습니다. 인도 무역을 위해 네덜란드 정부가 세운 동인도 회사는 투자자들에게 자금에 대한 소유권을 나타내는 권리 증서를 종이로 만들어 줬는데, 이게 바로 최초의 주식이에요. 사람들로부터 투자를 받아 실물 생산과 거래를 하고, 그에 따른 이익을 나눈 게 주식의 기원이죠.

자본주의가 발전하면서 금융 시장도 폭발적으로 성장합니다. 그렇게 수백 년이 지난 현재는 천문학적인 규모의 자금이 전 세계를 오가는 글로벌 금융 시장이 형성되었어요. 하루에도 수천 조가 넘는 자금이 금융 시장에서 오가는 걸 보면, 금융 시장이 실물 시장과는 전혀 별개로 돌아가는 것으로 보이기까지 하죠.

그래서 금융 시장과 실물 시장의 관계에 두 가지 관점으로 접근할 수 있어요. 하나는 금융 시장은 여전히 실물 시장의 영향을 강하게 받는다는 관점이고, 다른 하나는 실물 시장의 영향에서 벗어난 금융 시장만의 돈이 늘어나는 원리가 있다는 관점이죠. 바로 두 번째 관점이 금융 투자를 적극 권유하는 사람들의 말인데요. 이 관점은 금융 시장 안에 돈이 몰리고 흩어지는 작동 원리가 있고, 이걸 잘 파악하면 수익을 남길 수 있다고 말해요. 금융 투자가 황금알을 낳는 거위를 선물한다는 꿈은 여기서 비롯됩니다.

여러분 중에, 혹은 주변에서 금융 투자를 하는 사람이 있나요? TV나 유투브 광고에는 투자로 부자 됐다는 사람이 많은데, 주변 사람 중엔 찾기가 쉽지 않아요. 오히려 고심 끝에 대량 매입한 주식 가격이 크게 떨어지면서 투자한 돈을 잃어 좌절하는 사람들이 많죠. 실물 시장에서 상품 생산과 거래가 이뤄질지 여부를 염두에 두지 않고, 금융 시장에서 금융 상품 가격이 변동하는 자료만 믿었다가 돈을 잃고 마는 사람들이 많습니다.

아무리 금융 시장이 발달해도 금융 시장은 실물 시장과 별개의 시장이 아니었던 거죠. 실물 시장의 영향 아래 금융 시장이 돌아가는 것입니다. 실물 시장에서 가치가 만들어진다는 것을 금융 투자자도 잘 알고 있어요. 금융 투자자는 기술 혁신으로 신상품을 대량 생산한다거나, 타국의 새로운 소비자 시장이 확대될 거라고 자신 있게 홍보해요. 상품의 더 많은 생산과 소비가 실물 시장에서 실현될 거라고 말하는 것이죠.

반대로 말하면 실물 시장에서 실현 가능성이 낮은 금융 상품일수록 변동성이 커져요. 산업용 광물을 화성에서 채굴해 오려는 우주 산업 회사가 금융 투자자를 모은다고 가정해 볼까요? 이 사업이 실현된다면 막대한 금융 투자 수익을 얻을 수 있겠지만, 사업이 실현될 수 있을지에 대한 불확실함 속에서 금융 상품의 가격이 오르고 내릴 거예요. 변동성이 크다는 건 자산 손실의 위험이 커진다는 뜻이에요. 투자의 위험성이 높아지게 되죠. 우리 책에서는 자세히 다루지 않지만, 최근 몇 년 새 투자 상품으로 떠오른 가상 화폐(코인)의 변동성이 큰 것도 이 때문입니다. 기존의 화폐를 대체하는 혁신 기술을 실현할 수 있다는 면에서 사람들은 가상 화폐의 가치 상승을 기대해요. 그렇지만 가상 화폐는 실물 시장과는 동떨어져 있고, 따라서 전혀 예측할 수 없을 정도로 가치가 등락해서 무턱대고 투자한 사람들이 돈을 잃을 위험도 아주 높죠.

황금알을 낳는 건
결국 '노동자의 손'이었다

금융 시장이 실물 시장에서 생겨났다는 것, 그리고 금융 시장의 수익이 실은 실물 시장에서 성사되는 실제 생산과 거래에 기대고 있다는 것, 이 둘을 통해 우리는 금융 시장에 황금알을 낳는 거위가 없다는 걸 알게 되었어요. 이런, 실망했나요? 실제 가치가 만들어지는 곳은 실물 시장이고, 더 정확히는 상품을 만들어 내는 생산의 영역입니다. 그리고 생산하는 곳에는 노동하는 사람들이 있습니다. 경제학자 강신준은 이 순환을 다음과 같은 우화로 보여 줍니다.

노동자는 개미, 자본가는 베짱이입니다. 그리고 베짱이는 개미를 고용해서 일을 시키는 원조 베짱이와 금융 투자를 하는 금융 베짱이가 있어요. 금융 베짱이와 원조 베짱이는 개미의 노동에 기대 돈을 법니다.[29] 금융 시장에서 돈이 불어나는 원천은 실물 시장에 상품을 생산해 내는 노동자였던 것이죠.

맹목적으로 금융 시장에 황금알을 낳는 거위가 있다고 믿으면 노동의 가치를 외면할 위험이 생겨요. 금융 투자는 자동으로 돌아가는 무언가가 돈을 불려 내는 거라고 막연히 받아들이거나, 누군가의 노동이라는 걸 알아도 모른 척하게 돼요. 여러분이 금융 상품에 투자하는 기회를 엿보는 일에 앞서서, 현재 나와 주변의 노동에 대해, 노동을 둘러싼 임금과 복지에 대해, 안전한 노동 환경 등에 대해 먼저 관심을 가지면 어떨까요?

만약 금융 투자를 하게 된다면 최소한의 투자 원칙은 정해 놓으면 좋겠어요. 기본적인 원칙은 노동자를 존중하는 기업에 투자하는 거예요. 기업이 적정한 노동 환경을 제공하는지, 산업 재해의 예방에 적극적인 노력을 하는지, 정당한 노동조합 활동을 보장하고 원만한 노사 관계를 만들어 가는지, 저개발국이나 이주 노동자에 대해 가혹한 수탈을 하진 않는지 등을 살피고, 이를 잘 지키는 기업에 투자하는 것이죠.

요즘 경제 교과서에도 소개하는 ESG 경영을 하는 기업에 대해 투자하라는 게 이 말이에요. 환경Environment, 사회적 가치Social, 공동의 민주적 의사 결정Governance, 이 세 가지 가치를 추구하는 기업에 투자하는 것입니다. 인권 보장은 물론, 어떤 전쟁도 단호히 반대하는 기업. 탄소 배출 저감을 적극적으로 추진하고 친환경 제품을 생산하는 기업. 주주와 노동자가 경영에 민주적으로 참여할 수 있는 구조를 갖춘 기업. 경제 교과서에서 소개하는 혁신적 경영을 하는 '기업가 정신'은 단지 이윤을 많이 남기는 것만으로 칭송받아서는 안 돼요. 새로운 소비 시장을 개척하고, 새로운 제품을 개발하는 기업과 경영자가 그에 걸맞은 사회적 책임을 다하는지 꼭 살피면 좋겠어요.

학교라는 공유지에선
희극이 펼쳐진다

재화의 성격은 경합성과 배제성을 기준으로 분류할 수 있는데요. 경합성은 한 사람이 소비하면 다른 사람의 소비가 줄어드는 것이고, 배제성은 대가를 지불하지 않은 사람을 사용에서 제외할 수 있는 걸 말합니다. 보통의 상품은 배제성과 경합성을 가져요.

공동으로 사용하는 물건이나 도로, 공원 등의 시설을 공공재라고 해요. 공공재는 누군가 그걸 쓰고 있더라도 다른 사람도 함께 쓸 수 있고(비경합성), 비용을 부담하지 않는 사람도 소비할 수 있죠(비배제성). 사적 소유와 개인의 이윤 추구를 특징으로 하는 자본주의 경제에서 공공재는 '보이지 않는 손'에 의해 충분히 시장에 제공되지 않아요. 공공재를 시장의 자율적인 기능에 맡기면 사회가 필요로 하는 양보다 적게 공급되죠. 자원이 효율적으로 배분하지 못하는 '시장 실패'가 벌어집니다. 이런 시장 실패를 해결하기 위해 정부가 공공재의 충분한 생산과 공급의 역할을 해요.

	경합성	비경합성
배제성	사적 재화	클럽재 예: 소방, TV채널
비배제성	공유지(공유 자원) 예: 해양 자원, 환경	공공재 예: 재난 경보, 국방

배제성은 없는데 경합성이 있는 걸 공유지라고 해요. 예를 들어 해양 자원은 누구나 쓸 수 있으나(비배제성), 누군가가 다 가져다 쓰면 다른 사람을 쓸 수 없어요(경합성). 공유지가 과도하게 사용되어 고갈되는 문제를 '공유지의 비극'이라고 하죠. 공유지의 비극은 "모두의 책임은 누구의 책임도 아니다."라는 말이 들어맞는 상황인데요. 사람들은 자기 것은 아끼지만 여럿이 공동으로 소유하는 것은 함부로 소비합니다. 공유지는 누구나 언제든 이용할 수 있고 소유권이 설정돼 있지 않기 때문에, 공유

지를 사용하는 각자가 이윤을 위해 마구 이용하다 보면 결국 공유지를 황폐하게 하죠.

그런데 '공유지의 비극'은 자본주의 경제의 눈으로 봤을 때만 비극이에요. 너무나 당연한 말이지만 소를 키우는 목초지는, 코끼리가 서식하는 초원은, 그곳의 대기, 물, 식물, 동물, 광물 등 모든 자연물은 자본주의 이전에 수만 년에서 수억 년 동안 공유지의 비극이 일어나지 않았던 곳입니다. 대자연의 일부로 인간은 자연을 해치거나 고갈시키지 않고 동물을 멸종시키지 않으면서 소와 코끼리를 키웠어요. 그래서 공유지가 비극인 게 아니라, 자본주의 경제가 공유지를 사유화하면서 생겨난 비극인 거예요. 소와 코끼리가 이윤 추구를 하는 상품 대상이 되면서 남획이 벌어지게 된 것이죠. 공유지의 비극이 아니라 '공유지 사유화의 비극'입니다.

그리고 우리 모두의 공유지 위에 지은 공공재인 학교가 있어요. 공공 기관인 학교는 국민의 소중한 세금으로 운영되고, 자유와 권리에 기초한 민주 시민 양성이라는 공교육의 목표 아래 선생님과 여러분이 만납니다. 우리의 학교에선 공유지 사유화의 비극이 벌어져선 안 돼요. 우리의 학교에선 공유지의 희극이 펼쳐지고, 그 시간

속에서 우리는 진정한 자유를 느낍니다.

　학교에서 자유를 느낀다니 무슨 말이냐고요? 요즘에 자유라는 말이 "내 마음대로 할래.", "당신이 무슨 상관이야."라는 식으로 지극히 자기 혼자만의 권리만 내세우는 말로 악용되기도 하는데요. 자유는 가진 돈으로 무얼 마음대로 사는 것도 아니고, 무인도나 내 방에서 나 혼자 덩그러니 놓여 있는 상태도 아니에요. 본래 자유는 주변 사람들과의 좋은 관계 속에서, 행복한 공동체 속에서 비로소 누릴 수 있는 가치입니다. 독일어에서 자유 'Freiheit'는 친구를 뜻하는 단어 'Freund'와 같은 어원이라고 해요. 자유는 즐겁게 수다를 떠는 친구, 언제나 든든히 지지해 주는 가족, 외부의 위험으로부터 안전하게 지켜 주는 공동체가 있어야 가능한 일이죠.

　진정한 자유인이 되기 위해서 우리는 학교에서 좋은 교실 공동체를 만들어 갑니다. 나 혼자만의 이익만 앞세우지 않고, 나와 친구 모두가 행복한 공간을 일궈 나가는 거예요. 여기, 학교 공동체에서 우리는 진정한 자유인이 되어 봅니다.

공공의 가치를 사유화하는 부동산 가격

자본주의 경제는 모든 공적인 것들을 사유화합니다. 자본주의가 발전한 사회에 산다는 건, 공유지를 모조리 사유화하는 비극 속에 살고 있다는 걸 뜻하죠. 사유화는 공공의 공간을 점점 좁아지게 해요. 집이 커지고 집 안에 물건이 쌓여갈수록, 집 밖의 공용 공간이 줄어들어요.

아파트와 빌딩이 빼곡히 들어설수록 공공의 공간이 없어집니다. 드넓은 들판에서, 공터에서, 가족뿐만 아니라 이웃과 친척의 보호 안에서 뛰어놀던 어린이들이, 지금은 사방이 막힌 키즈 카페에 가서만 놀 수 있습니다. 도심의 행인들이 잠시 앉아 쉬어 갈 의자가 없어서 주변에 카페를 찾아 들어갑니다. 사유지가 많아질수록 공유지가 줄어들게 돼요.

이런 면에서 부동산 투자에 대해서도 다시 생각해 보면 좋겠어요. 사람들이 안전하고 편안하게 생활하는 공간인 주거를 부동산 투자 가치로 바라봐야 하는가에 대해서요. 최소한 부동산 투자에 대한 이중적인 심리는 알아 두었으면 합니다. 부동산이라는 사적 소유물의 절대적 권한을 내세우는 말과 부동산 규제를 비판하는

말은 애초에 앞뒤가 안 맞아요. 부동산 투자에서 호재, 즉 좋은 소식은 무엇일까요? 바로 대중교통과의 접근성, 학교와 학군, 공원, 도서관, 상하수도, 전기, 주변의 산과 하천, 호수와 맑은 공기라는 자연 경관 등 사회의 '공공 자본'입니다. 부동산값이 공공에 기댄, 자연물에 기댄 가치라니, 놀랍지 않나요? 부동산 가치는 사실 공적인 것들을 사유화한 것에 불과한 거죠. 부동산 호재를 공공연히 말하면서, 아파트값을 떨어뜨릴 수 있거나 세금을 부과하는 공공 정책에는 분노해선 안 되겠죠.

 현재 대다수의 자본주의 국가들도 주거는 완전히 시장의 거래 상품이 되어선 안 된다는 사회적 합의를 가지고 있어요. 어떤 국가는 아예 주거의 사유화를 허용하지 않거나, 어떤 국가는 주택의 대부분을 공공으로 제공하는 정책을 펼치기도 하죠. 주거는 사람이 살아가는 기본 조건이며, 따라서 어떤 경제 체제를 가진 사회라고 하더라도 주거가 오로지 투자의 대상이 되어선 안 되지 않을까요?

에필로그

이제 경제 수업을 마칠 시간입니다. 경제가 머릿속에 잘 정돈되었나요? 아니면 더 혼란스러워졌나요? 평소에 의아하거나 궁금했던 의문들이 풀리면서도, 기존 통념을 뒤집는 질문들이 버거운 순간도 많았을 거예요. 원래 어떤 대상이나 주제를 자세히 알아가는 길은 혼란이 따르기 마련입니다. 어떤 대상을 자세히 알면 알수록 좋은 점도 보이지만 그 그림자도 같이 보이게 되거든요.

자본주의라는 성도 그렇습니다. 이전과는 조금 달리 보이지 않나요? 견고히 지어진 줄 알았는데, 자세히 살펴보니 여기저기 빈틈도 보이고 무너졌다 다시 쌓은 흔적도 보입니다. 우리는 여전히 이 성안에 살고 있지만, 일상적 고민에서 비롯된 의문을 시작으로, 자본주의 역사를 추적하고, 다른 사회와 비교하고, 교과서 밖의 이론으로 반박하면서 우리가 사는 자본주의 경제라는 성이 조금 더 입체적으로 다가오게 됐을 거예요.

홀로 서서 당차게 합리적 선택을 내리는 호모 이코노미쿠스. 다가가 보니 그는 '가성비'로 따질 수 없는 가치들로 복잡한 마음에 선택을 망설이고 있었어요. 모든 상품의 가격을 그래프로 말끔하게 설명하는 수요-공급의 법칙. 그런데 비현실적인 조건들 위에 그린 그래프로 증명하는 법칙으로는 현실의 경제 문제와 상품 가격을 정확히 설명할 수 없다는 알게 되었죠. 왁자지껄한 시장에서 자유롭고 평등하게 거래하는 자본가와 노동자의 대화를 가까이서 들어 보니, 이 둘은 가진 것의 차이에서 비롯된 불평등한 관계라는 걸 읽어 낼 수 있었어요.

체제의 승리를 만끽하는 자본주의 경제가 승리한 비결이 실은 경쟁자였던 사회주의의 장점을 적극 끌어안은 덕분이란 걸 이야기했습니다. 언제나 경제 성장만을 최우선으로 외치는 나라들 안으로 들어가 보니 물질적인 풍요로도 메우지 못해서 소외된 사람들의 깊은 한숨을 들을 수 있었습니다. 전 세계 사람들이 그저 더 가까워지는 것으로만 알았던 세계화는 사실 가난한 나라 사람들의 삶터를 더 척박하게 한다는 걸 드러냈죠. 마지막으로 금융 시장을 돌아다녀 보니, 결국 금융 상품의 가치도 누군가의 노동으로 만들어진다는 사실을 알게 되었습니다.

다시 분업이 행해지는 처음의 장소로 돌아와 볼까요? 분업은 생산력의 폭발로 본격적인 자본주의 경제 시대를 열었던 변화였습니다. 그리고 지금의 고도화된 분업화, 전문화, 특화된 세계로 변화했어요. 우리는 종일 공부만 하거나, 일평생 한 가지 일만 해도 다른 사람들이 만든 음식과 물건을 얻어 살 수 있게 되었죠. 그리고 선생님은 지금, 분업이 가져온 효과에서 한 걸음 더 내딛는 질문을 던지려 해요.

분업은 세상 사람들을 더 촘촘히 연결하고 있었습니다. 밥 한 끼 먹기, 등교하는 길, 이불 속에서 뒹굴기 같은 나의 모든 행위가 타인의 분업 노동 위에 편히 이뤄질 수 있었어요. 나의 일상이 친구나 가족뿐만 아니라, 전 세계가 분업과 분업 노동으로 연결되어 있다는 것, 눈에 보이지 않는 서로 간의 노동에 기대어 살고 있다는 사실이 와닿나요?

이제 이 책을 덮으면 여러분이 자본주의라는 성을 더 자세히 들여다보고 궁금해하며, 성안의 다른 곳과 성벽 너머의 세상에 대한 호기심으로 모험해 나가길 응원

합니다. 우리의 경제 공부는 우리가 서로 연결되어 있다는 이 감각에서 시작되어 뻗어 나갈 것입니다.

사회 교사라면 누구든 경제 교과서를 집어 던지고 싶은 순간을 경험한다. 많은 사회 교사들이 때로 분노하고 때로 체념하면서 꾸역꾸역 경제 수업을 하는 동안 서재민 교사는 통 크게 일을 저질렀다. 조목조목 질문하며 차근차근 논리를 쌓아 올려 정교한 '대안 교과서'를 만들어 낸 것이다.

교과서 속 경제는 현실을 제대로 설명해 주고 있을까? 『십 대를 위한 교실 밖 경제학』은 이 당연한 물음에서 출발하여 경제 지식이 실제 우리의 삶을 잘 반영하고 올바른 방향을 제시하고 있는지 살펴본다. '경제는 현실을 잘 설명하는가?'라는 근본적인 질문에서 출발해, 우리가 당연하게 여겨 온 수많은 명제를 다시 묻는다. 선택 상황에서 '가성비'는 좋은 기준일까? 시장은 공정하고 자유로운 공간일까? 경제가 성장하면 모두가 행복해질까?

『십 대를 위한 교실 밖 경제학』은 자본주의, 금융, 노동, 환경, 세계화에 이르기까지 복잡하고 민감한 주제에서 교과서와 현실 사이의 틈을 발견하고 파고드는 데 그치지 않고, 그 틈을 메울 수 있는 대안까지 제시한다. 이 책이 이토록 명료하면서도 따뜻한 것은 서재민 교사의 살아가는 모습을 그대로 닮은 탓이리라.

박현희
(사회 교사, 『백설공주는 왜 자꾸 문을 열어 줄까』 저자)

『십 대를 위한 교실 밖 경제학』은 우리가 그동안 너무도 익숙하게 받아들였던 경제 교과서의 전제를 조심스럽게 되짚으며, 자본주의 사회를 살아가는 청소년에게 경제를 넘어 삶을 바라보게 하는 책이다. 친절하게 이론을 설명하고, 삶과 밀접한 사례를 중심으로 질문을 던지며 청소년이 스스로 사고의 폭을 넓히도록 이끈다. 그리하여 경제를 공부하는 일이 곧 '사는 법'을 고민하는 일임을 자연스럽게 체득하게 한다.

자본주의가 완결된 체제가 아니라, 현실의 문제들을 해결하는 과정에서 다양한 가치를 흡수하며 유연하게 진화해 왔다는 지적은, '시장의 자유를 중심에 둔 자본주의만이 정답'이라는 익숙한 믿음을 다시 바라보게 만든다. 특히 이 책은 자산 증식이 생존의 조건처럼 여겨지는 오늘날, 자본보다 '노동'이 진짜 가치를 만든다는 점을 강조한다. 존중받지 못하는 노동의 현실을 성찰하게 하고, 청소년이 단지 '호모 인베스투스(Homo Investus)'로 성장하지 않도록 삶의 기반에 대해 질문을 던지도록 한다. 경제를 수치나 그래프로만 설명하지 않고 노동의 의미, 인간의 존엄, 공동체적 삶의 방향까지 함께 다루는 점은 『십 대를 위한 교실 밖 경제학』의 큰 미덕이다.

경제 수업을 고민하는 교사, 사회와 경제를 이해하고자 하는 청소년, 그리고 함께 잘 사는 사회를 바라는 모든 이들에게 꼭 권하고 싶은 책이다.

최성은
(전국사회교사모임 회장)

참고 문헌

1   한진수, 『청소년을 위한 행동경제학 에세이』, 해냄, 2021.

2   류동민, 『9명의 경제학자들』, EBS BOOKS, 2022.

3   유발 하라리, 『사피엔스』, 조현욱 옮김, 김영사, 2023.

4   심윤경, 『나의 아름다운 할머니』, 사계절, 2022.

5   임승수, 『자본주의 할래? 사회주의 할래?』, 우리학교, 2020.

6   애덤 스미스, 『국부론 (상)』, 김수행 옮김, 비봉출판사, 2007.

7   데이비드 리카도, 『정치경제학과 과세의 원리에 대하여』, 권기철 옮김, 책세상, 2010.

8   애덤 스미스, 『국부론 (상)』, 김수행 옮김, 비봉출판사, 2007.

9   카를 마르크스, 『자본론 1권』, 김수행 옮김, 비봉출판사, 2015.

10   같은 책.

11   「과로사회 대한민국…과로사 노동자 1년에 최소 500명?」, 『노컷뉴스』, 2022. 7.15.

12   「전체 재해 현황 및 분석-업종별(산업별 중분류)」, 『국가통계포털』, 2025. 2.10.

13   「'임금체불' 코로나 땐 줄더니 작년부터 급증, 왜?」, 『한겨레』, 2024.10.23.

14   「사장님들, 하루 고용이라도 '계약서 꼭 쓰세요'… '근로계약서 미작성' 신고 역대 최다」, 『헤럴드경제』, 2024.8.13.

15   「'삶이 나아지질 않는다' OECD국 중 '삶의 만족도' 35위」, 『한경BUSINESS』, 2024.2.23.

16   「한국인 노동시간 보장, OECD 최하위권」, 『매일경제』, 2023.7.17.

17   「한국은 여전히 '장시간 노동국'…독일보다 연 566시간 길어」, 『연합뉴스』, 2023.3.15.

18   강지나, 『가난한 아이들은 어떻게 어른이 되는가』, 돌베개, 2023.

19   "돈의 얼굴 3부 돈이 떨어졌습니다", <다큐프라임>, 2024.4.22.

20   한상복 외, 『문화인류학』, 서울대학교출판문화원, 2011.

21   "'바나나'의 눈물", <EBS뉴스>, 2015.7.2.

22   「그 많은 스마트폰은 어디서 와서 어디로 가고 있을까?」, 『그린피스』, 2016.
      11.24.

23   "콜탄의 저주, 콩고민주공화국", <KBS 세계는지금>, 2023.1.7.

24   「2022 불평등 보고서-죽음을 부르는 불평등」, 『옥스팜』, 2022.1.17.

25   낸시 프레이저, 『좌파의 길 - 식인 자본주의에 반대한다』, 장석준 옮김, 서해문
      집, 2023.

26   호프 자런, 『나는 풍요로워졌고, 지구는 달라졌다』, 김은령 옮김, 김영사, 2020.

27   "재활용 식민지", <KBS 다큐인사이트>, 2024.1.18.

28   「2022 불평등 보고서-죽음을 부르는 불평등」, 『옥스팜』, 2022.1.17.

29   강신준, 『마르크스의 자본, 판도라의 상자를 열다』, 사계절, 2012.

이 책을 먼저 읽고 추천한 현직 사회 교사

강현철(동탄국제고등학교) 권진영(문경중학교) 권태덕(국사봉중학교) 김민주(대청중학교) 김영식(수원외국어고등학교) 김준민(과천중앙고등학교) 김혜자(각화중학교) 김현진(화홍고등학교) 박경화(목포고등학교) 박윤성(역곡고등학교) 박현희(여의도고등학교) 박효천(배다리중학교) 배성호(서울길음초등학교) 손진근(현천고등학교) 손혜민(울산대송중학교) 송원석(양일중학교) 신기숙(영신고등학교) 신성호(고려대학교사범대학부속고등학교) 양은숙(전주우아중학교) 오승한(시흥고등학교) 윤금엽(설천중학교) 이보라(지산중학교) 이인호(울산여자고등학교) 이효건(경기경영고등학교) 장영주(교하중학교) 장정환(신림고등학교) 정선렬(녹동고등학교) 정유진(수원정보과학고등학교) 조경천(청주대성고등학교) 조선중(첨단고등학교) 최성은(대전성모여자고등학교) 최진영(잠원중학교) 허진만(삼일고등학교) 현병순(월곡중학교) 현지현(만년고등학교)

이상 35명